Jay K.C. McEULANSKY

"Et c'est pour publier ça qu'on recycle du papier !" (Le Barbier)

"Ce n'est pas ce livre qui sauvera le monde !" (Le Globe)

"L'auteur est bien connu des services psychiatriques" (Le Sud Déchaîné)

"Un livre prétentieux sans prétention" (L'Oie Entravée)

"Qui, de l'auteur ou du lecteur, doit le plus porter sa croix ?"
(La Bannière)

"Des gags tellement « téléphonés » que le travailleur prolétaire exploité se croira forcément intelligent" (La Voix du Grand Soir)

"Des jeux de mots-t-atroces. A part ça, point à la ligne" (La Virgule)

"Ni sang, ni sexe, ni grosse immoralité : quel ennui" ! (Lutèce-Sensation)

© 2013 Association "Les Ami(e)s de Lucas et Saïd".

Les jeunes Lucas et Saïd vont me foudroyer depuis là où ils sont, mais avec plus de 120.000 € de dettes pour l'Association, comme disait Harpagon : « *dans le pognon, tout est bon* »... D'accord, je sais, c'est à hurler...

Du même auteur : rien (ouf !), et si ce livre se vend bien, il n'aura plus à en commettre un autre... Vous savez donc ce qu'il vous reste à faire, hé, hé, hé...

Editeur : Books on Demand GmbH, 12/14 rond point des Champs Elysées, 75008 Paris, France
Impression : Books on Demand GmbH, Norderstedt, Allemagne
ISBN : 978-2-3220-3220-4 - Dépôt légal : septembre 2013

JEUDI

Dans le salon d'une maison bourgeoise, encombré de meubles vieillots et poussiéreux, la maîtresse des lieux, vieille fille desséchée, cabrée dans un fauteuil trop incliné pour elle, épluche avec circonspection un roman à la mode, et ramène à leur place les lorgnons qui lui glissent régulièrement du nez. Un fantôme translucide, tout de blanc vêtu, se promène de long en large, les mains derrière le dos.

— *Si j'avais un corps... je bâillerais à m'avaler la langue, tellement je m'ennuie ici ! Moi, ne rêvant que plaies et bosses, réduit à faire les cent pas dans un salon ! Admirez le bois fatigué des meubles Louis XVI, l'épais tissu des tentures Louis XV, et les tapis sans couleur digérant de la poussière Louis le Débonnaire !*

Il va chatouiller le menton de la vieille fille ; celle-ci ne s'aperçoit bien sûr de rien, et le fantôme pousse un soupir.

— *Il existe bien au second étage une momie vivante, capable de s'occuper de moi malgré ses 103 ans : l'oncle de la "Lectrice au Salon". Mais voilà : je n'ai pas de corps, je ne suis plus qu'un esprit, une ombre, et le vieillard impotent marche d'un bon pas vers sa dernière heure... en faisant des réussites.*

Cette solitude plutôt agaçante fait aussi partie de la punition qui me fut infligée voici quelques siècles. Je suis en effet le fantôme du baron de Courcy, mort en 1468, jugé et condamné aussitôt. Condamné à voir chez mes descendants l'effet produit par l'exemple d'une vie consacrée aux biens des prochains trop nantis, trop gros pour fuir, trop froussards pour résister, assez bêtes pour me faire confiance, bref, de tous ceux qu'influençaient ma forte personnalité... et les gourdins à gros nœuds de mes soldats.

C'est ainsi que je vis à l'œuvre toute une progéniture de gredins de la plus belle eau, impossibles à remettre sur le droit chemin.

Puis vint Tristan, mon dernier petit-fils, mon préféré. Faute de mieux, je me suis efforcé d'en faire un gentleman... cambrioleur.

Ma foi, s'il excelle dans son art, il ne se conduit pas moins en gentilhomme, comme on disait avant. J'ai pu éviter qu'il ne perde la vie en cuisinant façon Landru, en pratiquant la vivisection de l'être humain ou la "plastisection" des bâtiments publics, toutes choses peu ragoûtantes qui ne maculeraient pas les mains blanches et délicates de Tristan. J'ai limité les dégâts, quoi.

Vous devinez maintenant pourquoi je me morfonds dans ce salon : ce sera en effet ici le théâtre des futurs exploits de Tristan, et, mon intuition aidant, je l'y ai précédé de quelques heures.

Ce matin, il a été libéré, et ce courageux garçon a eu tôt fait de trouver du "travail" pour l'après-midi même. Au fait, j'ignore totalement ce qui peut pousser cette lectrice paisible à recourir aux services de ce diable de Tristan. A voir sa face ridée de sous-alimentée par vocation, cela doit être une histoire de gros sous : une cousine à escroquer, un neveu à faire chanter, une voisine à cambrioler, ou, au contraire, assurer sa protection contre de telles éventualités...

La sonnerie de la porte d'entrée retentit. Le fantôme se rue à travers les murs et, devant la porte, trouve Tristan accompagné de trois individus louches et qui ne semblent guère intelligents.

— *Où les a-t-il dénichés, ceux-là ??*

Le fantôme bondit vers le salon où la vieille fille arrache ses lorgnons, jette son livre sur la table et bondit de son fauteuil, un sourire mauvais déchirant sa face plissée. Elle trotte vers la porte d'entrée.

— *Oh, que je n'aime pas ça ! Pourvu que Tristan ne se soit pas fourvoyé dans une vilaine affaire ! Mes pouvoirs limités ne pourraient guère l'aider contre cette sorcière, qui va bientôt nous dévoiler ses maléfices car je l'entends revenir avec mon pauvre enfant.*

— Par ici, Messieurs, par ici : voici le salon. Nous y serons très bien pour discuter. Les tentures et les tapis étouffent la voix, et c'est très bien ainsi, vous verrez, ça fait intime, hé, hé, hé ! Faites comme chez vous, installez-vous bien. Tenez, voici des coussins pour mettre sur les chaises, c'est plus confortable. Allons, prenez, nous en aurons peut-être pour quelque temps... Vous permettez, je vais appeler mes deux sœurs...

Elle empile les coussins dans les mains de Tristan et disparaît.

— Allons, Messieurs, prenez votre coussin, comme on vous le demande si gentiment. La bonne dame a certainement d'excellentes raisons de nous frotter la manche, avec ses coussins. A propos, rappelez-vous ce que je vous ai dit avant d'entrer...

Du corridor parviennent des bruissements, des chuchotements, des gloussements étouffés : les trois sœurs s'amènent en récapitulant leur ligne de conduite.

Elles entrent, un sourire hypocrite aux lèvres... auquel Tristan et ses hommes répondent par un sourire non moins hypocrite.

— *Ça va bien on est entre collègues ! La partie peut commencer.*

— Messieurs, je vous présente mes sœurs : Amélie et Adèle. Moi, je suis l'aînée : Alexandra !
— Mais, Aspasie,... risque Adèle, vous...
— Voulez-vous vous taire, quand je parle, petite sotte ! N'y prenez garde, Messieurs, elle parle souvent toute seule.
— Bien sûr, madame, bien sûr... Permettez qu'à mon tour je présente mes compagnons : Victor, aux mains toujours sales à force de tripoter des serrures, Jules, aux mains longues, qui va d'ailleurs remettre en place ce qu'il voulait glisser dans sa poche,

et enfin, Nicolas, aux mains fines... et à la conscience encombrée. Et bien sûr, moi, Tristan, pour vous servir, lorsque vous aurez expliqué ce que vous attendez de nous.
— Voilà, c'est une très vieille histoire, hi, hi hi ! Oh oui, c'est une vieille histoire, n'est-ce pas, mes sœurs ?

Et toutes trois de s'esclaffer... Alexandra pouffe de plus belle :

— Elle a même 103 ans, cette histoire ! Mais vous ne pouvez pas savoir : cette histoire a commencé quand elle est née, ou plutôt quand « il » est né.

(Trois rires bêtes + deux sourires forcés et deux apitoyés).

— Mais soyons sérieuses. Je voulais parler de notre oncle qui est né il y a 103 ans, et avec lui ont commencé tous nos ennuis. Il n'a jamais voulu... euh... voulu... Enfin, il n'a pas voulu... partir pour un autre monde, quoi ! Comprenez-nous : il possède une fortune : depuis des années il clame à qui veut l'entendre qu'il a cinquante millions en banque, dans un coffre personnel entreposé là ! Nous sommes ses seules héritières et nous estimons l'avoir laissé vivre assez longtemps comme ça : il ne peut plus remuer, ni penser non plus ; il n'entend plus rien et est presque aveugle.

— Ça c'est vrai, interrompt Amélie : hier encore, quand je jouais aux cartes avec lui, il croyait que je cachais l'as de pique dans mon corsage alors qu'il le tenait en main.

— *L'as de pique, ou le corsage ??*

— Et moi, surenchérit Adèle, il m'a mise échec et mat en posant sa dame à un endroit où je ne m'y attendais pas : il ne voyait plus ce qu'il faisait !
— Je vois, je vois, fait Tristan. Et si je vous ai bien comprises, votre souhait serait de nous voir lui couper le cou ?
— Oh oui ! s'exclame Nicolas l'étrangleur, s'accompagnant d'un geste expressif.

— Oh nnnon ! frissonne Alexandra. Nous ne voulons pas de sang : on pourrait croire que c'est nous qui l'avons tué ! Il faudrait que vous trouviez quelque chose pour le... le..., enfin, que ça aille lentement, que ce ne soit pas suspect. Vous voyez ?
— Oui, oui, je vois, répond Tristan. Chère madame, ce ne sont pas les procédés qui font défaut. Nous, dans notre profession, devons nous tenir à jour, comme tout médecin, ingénieur, ou politicien. Et notre patrimoine est vieux comme le monde. Mais laissons la parole à notre ami Nicolas qui va se faire un délice de vous offrir quelques échantillons de ses possibilités.

Nicolas s'éclaircit la voix.

— Tout être humain a besoin d'air pour respirer et aussi pour vivre : si on supprime l'arrivée d'air, plus de respiration, et hop ! l'affaire est dans le cercueil. Les méthodes les plus couramment employées pour cela sont la strangulation et l'étouffement, qui entraînent l'asphyxie. Malheureusement, cela ne convient pas dans ce cas-ci : la strangulation laisse des traces de griffes ou de corde dans les cou, et l'étouffement par un drap enfoncé dans la bouche laisse des empreintes et de la poussière jusque dans l'estomac. La seule façon, à mon avis, d'empêcher le vieillard de respirer, ce serait de le priver d'air. On pourrait, par exemple, amasser des couvertures sur sa tête, pendant qu'il dort, et il passerait de l'autre côté sans qu'il ne s'en aperçoive, comme vous disiez, et sans laisser de traces. Bien sûr, il faudrait que l'âme charitable qui accomplirait cette besogne passe quelques heures à maintenir les couvertures, sans quoi je ne réponds de rien. Autre solution : vu l'état mental déficient du patient, on pourrait le placer dans un cercueil et lui suggérer qu'il est mort : il cesserait de respirer de lui-même, avec les conséquences que l'on devine.
— Non, Monsieur, pas ça, intervient Alexandra : un cercueil, ça coûte cher, et si ça rate, on reste là avec. Non, ça ne va pas.
— Comme vous l'entendrez, madame ! J'ai une troisième méthode à vous proposer : boucher tous les trous de sa chambre qui permettent à l'air d'entrer : fentes des fenêtres, portes, serrures, etc., et lui donner de la nourriture et de la boisson pour quinze jours. Après ce temps-là, on vient voir où il

en est ; il aura certainement épuisé tout l'air de la chambre et nous aura quittés.
— Ça ne va pas non plus, mon vieux, remarque Victor. Si tu bouches une serrure avec du plâtre pour être certain que rien ne passe, tu peux toujours essayer de l'enlever, après, et d'en faire disparaître toutes les traces !
— Et, mon Dieu, après quinze jours, tu trouveras un machin en décomposition sur un matelas en pourriture, ajoute Jules.
— Allons, allons ! fait Tristan. En présence de dames, Jules, voyons ! Nicolas, as-tu encore autre chose ?
— Moi ? Oh oui, mais si on m'interrompt tout le temps...
— On en vous interrompra plus, tranche Alexandra. Mes sœurs et moi allons essayer la première méthode, celle des couvertures. Elle paraît simple et efficace.
— Mais Nicolas en a encore de plus simples, peut-être, dit Tristan, écoutez-le.
— Non, non, nous avons fait notre choix. Et pour réduire les frais, Adèle ou Amélie va exécuter ce plan.
— Oh non ! articulent deux voix angoissées.
— Comment, petites pestes ? C'est là toute la reconnaissance envers votre sœur qui vous nourrit, héberge et protège ? Non, mais ! Je devrais tout faire moi-même ? Ah, je vous montrerai, moi, qui commande ici ! Vous ne perdez rien pour attendre ! Quant à vous, messieurs, nous allons vous payer : vous pouvez rentrer chez vous. Si jamais ça n'allait pas, nous vous rappellerions, bien entendu.
— Ne vous mettez pas en peine, dit Tristan. Quand nous acceptons un travail, nous l'achevons également. Bien sûr, tuer de nos propres mains ferait monter nos honoraires, mais laissez-nous passer la nuit ici : vous aurez peut-être besoin de nous ; si tel n'était pas le cas, vous n'auriez pas un centime de plus à payer.
— Dans ces conditions, vous pouvez demeurer ici : du moment que c'est gratuit ! Car l'argent, nous n'en aurons que si tout va bien, cette nuit, et si ce ne sont pas des images que le vieux a enfermées dans son coffre : il adore découper les illustrés. Donc, il faudra vous trouver des chambres... (elle réfléchit un moment). Dans une bâtisse comme celle-ci, il y a toujours un petit coin inoccupé, les mansardes, par exemple. Mes sœurs et

moi allons nous rendre compte des possibilités, et en même temps, nous prendrons les couvertures pour l'affaire de cette nuit. N'est-ce pas, mes sœurs ?
— Oui…, oui, mais…
— Gardez vos "mais" pour tantôt, mes chéries, pour la "petite explication" ! Suivez-moi au grenier, maintenant, et plus vite que ça !
— Mais, ma sœur, on doit vous suivre, et vous ne bougez pas…
— Très drôle, Amélie ! Attendez mes réflexions à moi : elles auront une saveur légèrement plus acide, vous verrez !

Et elle sort, remorquant deux épaves…

— *Elle a un fichu caractère, cette Alexandra ! Mes quatre apprentis assassins en sont médusés. J'ai hâte d'être seul avec Tristan, question d'avoir aussi une "petite explication" avec lui. Cela ne me réjouit guère de le voir complice d'un meurtre. Et probablement pour du papier hygiénique enfermé dans un coffre sans clef dans un banque sans nom.*

— *Tristan !*

Tristan sursaute à cette voix familière, qu'il est seul à pouvoir entendre, et regarde autour de lui, en vain, évidemment.

— *Tristan, si le vieux n'a pas fait de testament, avant de lui couper l'air, les trois sœurs devraient profiter de son dernier souffle pour s'enquérir de l'adresse de la banque et de la combinaison du coffre.*
— C'est vrai, ça ! s'exclame Tristan.
— Mon Dieu…, quoi ? demande Jules de son habituel ton blasé.
— Ces dames sont à ce point aveuglées par leur désir d'argent, qu'elles vont supprimer le vieux sans savoir où se trouvent les billets et comment les atteindre.
— Vous avez raison, patron dit Victor. Elles devront retarder l'exécution et, au fond, ça nous arrange bien. Vous voyez qu'elles l'auraient tué : on n'aurait plus la moindre raison de rester ici.

— Oui, mais parle moins fort : entre deux éclats de voix d'Alexandra, les sœurs pourraient t'entendre, et ce serait fâcheux. Autre chose fâcheuse : leur idée de nous installer au grenier ; il n'y a pas moyen de travailler ainsi. Écoutez-moi bien. Il faut que vous trouviez quelque chose, lors de la visite du grenier, qui soit de nature à vous empêcher d'y passer la nuit ; débrouillez-vous ! Suggérez alors un endroit situé plus bas, comme la cave, par exemple.
— Ah oui, ce serait l'idéal, ça, ajoute Nicolas, pensif.
— Et ne soyez pas trop ridicules dans vos motifs ; tout est bon, mais pas n'importe quoi ! J'ai même l'impression qu'il serait utile de préparer cela. Voyons, Victor, qu'aurais-tu à faire valoir ?
— Moi ? Je suis allergique à la poussière. Cela me donne des boutons qui chatouillent horriblement. Par contre, une bonne cave humide me mettrait à l'abri de tels inconvénients.
— Bon, ça peut aller. Et toi, Jules ?
— Mon Dieu, je crois que j'ai grand peur des rats, qui me mordent souvent lorsque je fourre mes doigts là où il ne faut pas. Mais, mon Dieu, dans une cave, je serais en sécurité : les rats ne peuvent pas vivre uniquement de charbon.
— ... ou de fuel. Ça va. A ton tour, Nicolas.
— Oh... moi aussi j'ai peur. Du vent qui hurle sur le toit. Voilà.
— Ça ne va pas, c'est trop enfantin !
— Des ombres que dessine la lune sur les murs, alors.
— Et tu te fais passer pour un assassin ? Allons, trouve autre chose.
— Je ne sais pas, moi ! Ça ne vient pas.
— Allons, je vais encore me fatiguer à ta place : le plancher. ... Hé bien, tu ne saisis pas ?
— Nooon, avoue Nicolas avec force.
— Ce n'est pas ta faute. Si tu veux savoir, un plancher, ça craque quand on se couche dessus, même s'il y a un matelas. Et ça t'empêcheras de dormir. Tandis qu'un sol en ciment, comme celui d'une cave...
— Cette fois, j'ai compris ! Merci, patron. Mais... et vous ?
— Oh, moi ! Si mes trois compagnons vont dormir à la cave, je serai bien obligé de les y accompagner, c'est pas sorcier. A présent, il ne reste plus qu'à attendre les trois demi-folles et

leurs couvertures. Ah, tant que j'y pense, Victor, pourras-tu te procurer le matériel ?
— Assez facilement, oui.

Tristan fait signe de se taire, car la porte s'ouvre lentement et livre passage à deux sœurs penaudes, rouges, croulant sous les couvertures, et à une troisième, triomphante, encore pâle de colère, une branche de noisetier à la main...

— *Il y a eu de l'orage et des éclairs ! Je devrais lui offrir un de mes gourdins à gros nœuds, de jadis...*

— Messieurs, nous avons les couvertures ; elles sont épaisses et lourdes à souhait. Mes sœurs ne parvenant pas à décider qui des deux exécuterait l'opération, je les ai mises d'accord : elles feront ça ensemble, maintenant. Déposez donc vos couvertures, vous autres, et allons montrer leur chambre à ces messieurs. Alors, ça y est, Adèle ? Dépose-les donc à terre, si tu ne trouves pas de place, au lieu de tourner en rond à regarder en tous sens. Si vous voulez me suivre, messieurs, c'est par ici.

Tous quittent le salon, sauf Tristan, et le fantôme devient visible.

— Hé bien, Tristan, quelle est cette histoire ? Cette affaire d'assassinat ? Tu n'as jamais voulu faire une telle chose, pourquoi changes-tu maintenant ?
— Tu n'as rien compris, grand-père. Mes principes n'ont pas changé, et je ne tiens pas à avoir ce meurtre sur la conscience. Rassure-toi : je ferai plutôt tout pour l'empêcher.
— Que viens-tu faire ici, alors ? Cambrioler ces filles sans le sou ?
— Tu y es presque : je viens effectivement ici pour cambrioler... la maison d'à côté. Si tu jettes un coup d'œil au travers du mur, tu verras de quoi il s'agit.
— Mmm... Voyons un peu... Ah ! Une banque ! Je commence à entrevoir... C'est là que réside l'explication de ton idée saugrenue de dormir dans une cave, du matériel de Victor, de votre peu d'empressement à liquider le vieux.

— Hé oui ! Il me fallait une maison contiguë, et je l'ai trouvée. Le plus dur, sera de paraître vouloir la mort du vieux. S'il mourait, nous devrions partir, et ce serait plutôt ennuyeux ; le problème réside à travailler à son assassinat sans qu'il y passe, et cela pendant trois à quatre jours.
— Aujourd'hui, tu as un répit, avec la banque et le coffre à trouver, mais après ?
— Oh, on verra ! Et puis, tu es là pour m'aider, ... comme tu l'as fait tantôt.
— Merci de le reconnaître. Je ferai mon possible, mais rappelle-toi que l'intervention "manu militari" m'est interdite : je ne suis qu'un esprit. Le maximum que je pourrais faire serait de hanter la chambre du vieillard et d'épouvanter les sœurs en y apparaissant de temps à autre. Mais si le vieux en attrape une crise cardiaque...
— Bah ! Nous n'en sommes pas encore là. Pour l'instant, les autres doivent être en plein déménagement, à en juger d'après le tapage qu'ils font. Est-ce exact ?
— Je dois reconnaître que oui.
— Tu vois, pas besoin d'être fantôme pour voir à travers les murs.
— Oui, oui, mais si tu voyais vraiment, le spectacle n'est pas triste !

En effet, dans la cage d'escalier, Adèle et Amélie dévalent allègrement les marches, emportées par un énorme matelas, l'une poussée, l'autre tirée ; suivent les collègues de Tristan, portant les oreillers et les couvertures. Victor veut ralentir la dégringolade des sœurs en tirant le tablier de la dernière, mais il se défait, et ils s'y empêtrent tous deux ; les deux suivants ne peuvent arrêter à temps leur course et se retrouvent mêlés au matelas, aux couvertures et aux sœurs. Durant ce temps, Alexandra descend majestueusement, le regard fixe, la baguette de noisetier à la main ; soudain, elle se trompe de marche... et accourt compléter le sextuor du bas. Elle se relève, furibonde, leur crie quelque chose et se dirige vers le salon.

Le fantôme "disparaît". Tristan attrape le livre d'Alexandra, sur la table et fait mine de le lire. Alexandra entre.

— Tiens, monsieur Tristan, vous êtes resté ici ? Vous n'allez pas donner un coup de main aux autres ? Ils en ont grand besoin : ils déménagent les matelas du grenier à la cave. Oui, ils avaient tous une bonne raison de préférer dormir à la cave plutôt qu'en haut. J'ai fait également descendre votre matelas, car je suppose que vous voulez rester avec eux. Mais si vous désirez vraiment séjourner au grenier, mes sœurs remonteront bien vos affaires, je n'ai qu'à le leur demander.
— Non merci, Ce n'est pas la peine. Vous semblez les avoir parfaitement en mains, à présent ?
— Oh oui, je leur ai dit leurs quatre vérités, et elles se tiennent tranquilles.
— Les avez-vous frappées, avec cette baguette ?
— Non, non, ce n'est qu'un truc : c'est la table que je frappe ; cela fait beaucoup de bruit et elles ont peur. Si je les frappais, elles verraient bien vite que ça ne fait pas si mal que ça, et je perdrais mon autorité.
— Vous êtes plus intelligente qu'on ne le penserait ; je n'aurais jamais songé à cela. Avez-vous encore d'autres trucs comme celui-là ? Cela pourrait me servir également.
— Oh oui, mais c'est essentiellement féminin. Voyez-vous, elles ne savent pas cuisiner : je les ai laissées dans l'ignorance complète en ce domaine. Quand je leur en veux, je me mijote un bon petit plat pour moi toute seule, et je les laisse se débrouiller avec leur omelette brûlée.
— Nous, nous mangeons toujours au restaurant...
— Ça ! Pour vous, je n'ai pas grand-chose ! Je ne vais quand même pas vous conseiller de mettre des bonbons au poivre parmi les autres, ou de verser une boîte d'asticots dans leur lit, ou de les enfermer dans un réduit obscur en leur faisant croire qu'il y a des souris. Que voulez-vous, avec ces chipies, c'est le seul moyen de se faire obéir.
— Et elles n'essaient jamais de vous rendre la pareille ?
— Oh, ce n'est pas l'envie qui leur manque, mais plutôt l'intelligence et le courage. Et puis, elles craignent les représailles. Je prends aussi mes précautions : je porte sur moi toutes les clefs des portes et des armoires ; mes sœurs dépendent ainsi entièrement de ma bonne volonté. Par exemple, un matin, Adèle était si fâchée contre moi qu'elle a

entrepris - en tremblotant - de renverser sa tasse de café sur ma manche. Je ne lui ai rien dit ; je suis filée dans la cuisine, où je me suis enfermée. J'ai fait une grande cafetière de café bien noir. Ensuite, bouillant de colère, je suis montée dans sa chambre, pendant qu'elle restait pétrifiée sur sa chaise, appréhendant les conséquences de son acte. Alors, j'ai ouvert sa garde-robe et j'ai tout arrosé de café : robes, manteaux, écharpes, chapeaux, souliers, tout ! J'ai refermé l'armoire et je suis descendue, mine de rien. Adèle, qui ignorait tout, ne savait d'où le châtiment allait s'abattre, et elle passa une journée affreuse. Et pendant la nuit, j'ai recommencé avec les habits qu'elle avait portés durant le jour. Le lendemain, elle était effondrée ; Amélie n'en menait pas large non plus ; moi, je savourais ma vengeance. Oh, ça a été une bonne leçon pour toutes deux.
— Mais, puisque vous ne semblez pas vous entendre avec vos sœurs, pourquoi les gardez-vous ici ?
— Mais enfin, monsieur, je les emploie, en échange de la cuisine et du logement. Elles nettoient, cirent, raccommodent, lavent, repassent, etc. Je ferais difficilement tout ce travail seule !
— Mais la pension de vos sœurs ne paie-t-elle pas leur nourriture, et la maison n'appartient-elle pas à ce vieil oncle ?
— Ah, vous êtes un petit malin, vous ! Bien sûr, ce que vous dites est vrai, mais elles sont trop bêtes pour se rendre compte de ça.
— Et vous ne craignez pas que... oh non, rien.

— *"... que quelqu'un le leur explique", allait-il certainement ajouter ; son âme de maître-chanteur vient prendre une gorgée d'air à la surface.*

— A propos, monsieur Tristan, vous étiez occupé à lire mon livre, quand je suis entrée ?
— Ah ? Oh oui, je feuilletais un par, par ci, par là.
— "Les Trois Croix Chocolat-bleu-pâle", je trouve ça bien, comme titre, vous pas ?
— Oh si ! Mais, vous savez, je ne lis plus jamais de romans policiers, on y apprend un tas de gaffes qu'on est tenté de

commettre parce que cela réussit dans le livre. Dans la réalité, il y a toujours un détail qui change, et tout est par terre.
— Et votre ami Nicolas, où va-t-il chercher toutes ses idées ?
— Comme je vous l'ai dit : dans le patrimoine légué à nous par nos ancêtres…
— Ils en savaient des choses ! Cette idée des couvertures, je trouve cela absolument merveilleux, oui, merveilleux !
— Oh, ce n'est pas bien terrible comme invention ; il suffisait d'y penser. Par contre, en pratique, cela pose des problèmes techniques non négligeables ; le poids des couvertures risque de réveiller le dormeur. Il sent qu'on lui ajoute quelque chose sur la tête, ou il en attrape des cauchemars, ou alors il sent qu'il étouffe. L'idéal serait d'avoir quelqu'un au sommeil de plomb.
— Ne vous en faites pas, je suis certaine que tout ira bien : mon oncle est déjà à demi-inconscient quand il est éveillé ; et quand il dort…! Je puis même vous assurer qu'il a l'esprit trop débile pour seulement tenter de rêver.
— Et vous allez lui appliquer le traitement dès cette nuit, comme ça ?
— C'est bien mon intention, le plus tôt sera le mieux. Mes sœurs et moi avons hâte de jouir de la vie, avant que toute notre jeunesse ne soit écoulée…

— *Voilà bien une septuagénaire sans complexes !*

— Oui, oui, bien sûr. Votre oncle a donc fait un testament ?
— Mais non ! Il était bien trop avare pour recourir à un notaire. Surtout pour nous.
— Mais, si je peux me permettre, comment avez-vous appris où est le coffre et quelle en est la combinaison ?
— Où se… La combinaison ? Mais… mais, je ne le sais pas ! Ah, monsieur ! Heureusement que vous en parlez ! Nous aurions supprimé le cher oncle et cela ne nous aurait servi à rien ! Hé bien, nous avons de la chance que vous soyez resté !

Elle galope vers la porte et disparaît ; le fantôme, lui, apparaît.

— Dis, Tristan, tu as entendu ça ? "Le cher oncle" a-t-elle dit !

— Oui, j'ai bien remarqué. Quand le "cher oncle" aura parlé, on songera de nouveau à supprimer "le vieux". Ainsi vont les choses. Veux-tu que je te dise ? Je supprimerais plutôt la nièce !
— Tout doux, tout doux ! Si tu te mets à défendre la veuve, l'orphelin, et les "chers oncles", tu finiras mal ! Surtout avec les méthodes que tu comptes employer !
— Oui, je sais, je vieillis ; j'acquiers des réflexes d'honnête homme. Mais c'est probablement de ta faute, tu m'as toujours plus ou moins endoctriné.
— Oh, j'essayais tout au plus d'alléger les peines de prison que tu t'attires immanquablement.
— Immanquablement ! Dis tout de suite que je suis un incapable !
— Mais non, mais non ! Ce ne serait d'ailleurs pas le moment car je vois les sœurs et tes compagnons qui reviennent par ici.

Le fantôme redevient translucide, et la bande fait son entrée, Alexandra en tête.

— Monsieur Tristan, j'ai fait part à tout le monde de vos remarques. Cela a d'ailleurs fortement réjoui mes sœurs : regardez-les donc !

En rougissant, elles essaient de dissimuler leur sourire.

— Mais à présent, nous sommes bien embarrassées. Nous ne savons comment interroger notre oncle sans éveiller ses soupçons. C'est là que nous aurions besoin de votre aide. Pas tout de suite, vous avez le temps de réfléchir pendant que mes sœurs et moi préparons le repas ; nous en discuterons en mangeant. Je vous laisse. Quant à vous, venez, petites hypocrites, et abandonnez à présent ce faux air d'enterrement, ça ne vous va pas.

Elles sortent.

— Tu as réussi ton petit effet, Tristan, dit Victor. Alexandra était dans tous ses états quand elle est venue annoncer la nouvelles à ses sœurs, dans la cave. Elle a côtoyé de peu une

nouvelle dégringolade. A propos, tu aurais dû nous voir, dans l'escalier !
— Oui, j'ai entendu des rumeurs et des bruits caractéristiques venant de ces parages. Avez-vous convenablement aménagé la cave ?
— Oui, répond Nicolas, les lits sont prêts à être poussés devant la porte, et le mur adéquat est libre ; il n'attend que les outils de Victor.
— Qui ferait bien d'aller les chercher avant que tous les magasins ne ferment. Tu n'auras qu'à manger au restaurant.
— Le veinard ! ajoute Nicolas.
— Mon Dieu, dit Jules, je ne vois pas l'avantage qu'il y a à manger dans un restaurant bondé, de la nourriture infecte, pour un prix exorbitant.
— Attends de voir ce qu'on t'offrira ici, dit Tristan. Si on t'offre quelque chose ! Car j'ai l'impression qu'on doit s'y nourrir au microscope.
— Au microscope ?
— Oui, tiens, au microscope. Tu ne comprends pas ?
— Mon Dieu, non.
— Hé bien, c'est triste. Attends de passer à table et tu saisiras. De toutes façons, il ne faut rien laisser au hasard ; Victor, si au restaurant il y a des corbeilles de pain, rapporte-nous en un peu, si tu veux : cela peut servir.
— Entendu, patron ! À tantôt, alors, et bon appétit !

Victor sort. Tristan se tourne vers ses compagnons.

— Il s'agit maintenant de trouver le moyen de faire parler le "cher oncle", mais sans que ça aille trop vite, vous me comprenez. Si quelqu'un a une idée, qu'il le dise, car moi, je n'en ai pas.
— Moi non plus, dit Nicolas.
— Mon Dieu, moi non plus, ajoute Jules.

— *Et moi encore moins. De mon temps, on l'aurait mis à la question, mais maintenant les manants sont trop faibles pour y résister ; et puis, à 103 ans !*

— Elles ont toujours prétendu que le vieux est à demi-inconscient, dit Tristan. Ça va être amusant d'en tirer quelque chose de sensé !
— Ça, tu l'as dit !
— Mon Dieu, s'il joue encore aux cartes, je crois que sa faiblesse d'esprit est un mythe dû à Alexandra.
— Jules, tu as raison, je m'en souviens aussi, dit Tristan. Et il réussit encore à battre Adèle aux échecs ; ce n'est pas une référence, mais quand même ! S'il a encore sa lucidité, il se rendra compte de ce qu'on lui veut, et ne voudra rien lâcher. Ce sera encore plus difficile !
— Oh oui !
— Mon Dieu, oui, c'est vrai !

Ils s'abîment tous trois dans leurs réflexions.

— Comment bien faire pour qu'il se mette à table ? demande Tristan.
— Moi, je m'y mettrais volontiers, déclare Nicolas.
— Mon Dieu, moi aussi.
— Vous avez raison tous deux, mais Victor ne sera ici que dans une heure au plus tôt. D'ici là, serrez vos ceintures.

A ce moment, la porte s'ouvre, et une Alexandra souriante, en tablier blanc, fait son apparition.

— Messieurs, le repas est servi. Vous pouvez passer à table, c'est par ici.

Ils quittent la pièce et enfilent le corridor sombre ; ils dépassent le célèbre escalier et gagnent une porte entrouverte qui laisse deviner un endroit bien éclairé ; ils entrent.

A l'intérieur, sur une table magnifiquement garnie, se côtoient le velouté aux champignons, le canard à l'orange, le gâteau-moka, le champagne, les pointes d'asperge, les tomates farcies, les chandelles et le fromage. Tristan et ses compagnons se regardent, stupéfaits. Jules, en souriant voudrait dire quelque chose, mais Tristan, d'un regard, lui fait comprendre que ce n'est pas le moment de demander où est le microscope et "Mon Dieu", ce qu'on pourrait bien en faire...

— Prenez donc place : votre nom est écrit sur la carte à côté de l'assiette. Adèle, Amélie, veuillez servir le potage.

Les convives s'installent et le potage est servi.

— Vous semblez étonnés, messieurs ? Vous ne vous attendiez pas à une telle réception, et je le comprends : vous connaissez notre état de fortune. Voyez-vous, notre voisine devait se marier aujourd'hui, mais au dernier moment son fiancé a rompu : au lieu de dire oui, il a dit non, et elle est restée avec le repas sur les bras. De dépit, elle n'a pas trouvé mieux que de s'en débarrasser chez nous. Et ce n'est pas sans nous faire plaisir. A présent, bon appétit !

Elle s'assied et commence à engloutir sa soupe comme les autres. Adèle et Amélie sont au comble de la joie. Le fantôme va piquer un somme dans un coin.

— Monsieur Tristan, avez-vous une idée de ce que nous pourrions faire pour obtenir nos renseignements ?
— Non, madame, pas encore, mais j'y réfléchis.
— Moi, j'ai bien quelque chose, dit Nicolas. Si j'osais...
— Osez, monsieur, osez, répond Alexandra.
— On pourrait lui raconter qu'un gang a dévalisé toutes les banques de la ville, sauf une. On lui demanderait alors, par jeu, dans quelle banque se trouve son argent, pour voir si elle ne serait pas l'établissement épargné. Et ensuite, pour prévenir d'éventuels soupçons, on lui ferait croire que sa banque fait partie des dévalisées.
— Cela pourrait peut-être aller, dit Tristan, Mais la combinaison, alors ? Puisque son coffre est dévalisé, il n'a plus de raison de la donner.
— Vous avez raison, monsieur Tristan, répond Alexandra (tandis que les autres sœurs se disputent un morceau de canard, sous l'œil attentif de Jules). Pour la banque, ça irait : mon oncle

est assez bête pour tomber dans le piège. Il reste à trouver quelque chose de semblable pour la combinaison.

Très fier de son petit succès, Nicolas poursuit :

— La combinaison, il peut nous la dévoiler dans son sommeil, grâce au sérum de vérité ; il pourra par la même occasion nous renseigner sur la banque : il n'y aura plus lieu de jouer la comédie.
— Le seul inconvénient, c'est que le penthotal coûte cher, objecte Tristan, qui ne veut pas que le vieux parle trop vite.
— Mon Dieu, lâche Jules entre deux bouchées, si on connaît la banque, il suffit de raconter au directeur que le vieux a perdu la mémoire et qu'il voudrait bien qu'on lui rappelle la combinaison.
— Par recommandé avec accusé de réception, s'empresse d'ajouter Tristan pour gagner deux jours.
— C'est une excellente idée ! clame Alexandra. Pour la banque, on appliquera le plan de monsieur, là, et pour le coffre, ce sera le vôtre. Ah, vous êtes tout simplement merveilleux ! Et maintenant, qui va s'occuper de la première partie ? fait-elle d'un air entendu.

Du coup, Amélie et Adèle perdent tout appétit...

— Hé bien, mes sœurs, vous m'avez comprise, je suppose ? Dès que vous aurez terminé votre repas - vous voyez, je suis bonne - vous irez trouver le vieux et vous essaierez de ne pas trop gaffer. Je vous conseille de vous hâter : s'il dort, il sera trop tard, et nous aurons perdu un jour de plus. Profitez-en pour rapporter son assiette de nouilles, quand vous aurez fini. Sinon, vous devrez recommencer la vaisselle rien que pour ça.

Amélie et Adèle mangent encore un peu, sans beaucoup de conviction. Puis, elles quittent la salle dans un silence lourd de signification.

De longues minutes se passent. Le quatuor a repris l'exécution du repas là où il l'avait laissé. Pour l'instant, c'est un moderato.

Soudain on entend un allegro dans le couloir... Adèle, toute essoufflée, entre en coup de vent.

— Aspasie, Amélie a oublié ce qu'on devait dire à...
— Petite gourde !! Non, mais ! Je vais t'apprendre, moi, à penser à ce que tu dis !

Elle empoigne sa sœur, et la pousse dans le couloir, où elles disparaissent toutes deux. D'après le bruit, cette fois, c'est "presto furiosissimo" ; Adèle doit recevoir le sermon de sa vie. Un "paf !" retentissant, suivi d'un long hululement, émergent du vacarme. Peu à peu, l'intensité décroît : Adèle s'éloigne. Alexandra revient dans la salle.

— Il faudrait tout faire à leur place ! Elle ne sait même pas retenir une chose aussi essentielle, aussi capitale, et aussi simple.

A ce moment, on frappe doucement à la porte. Alexandra, étonnée, va ouvrir ; c'est Adèle.

— Quoi ! Encore vous, petite vipère ? Vous n'avez pas eu votre compte, non ?
— C'est que..., hasarde une voix chevrotante, je ne sais toujours pas la réponse...
— Je ne vous l'ai pas dite, sans doute ?
— Vous m'avez dit beaucoup de choses, mais pas ça, je crois...
— Ah, ne faites pas l'insolente, il vous en cuirait ! Les banques dévalisées, ça ne vous dit rien ? Il n'en reste qu'une intacte, et il doit dire le nom de la sienne pour voir si...
— Ah, je me rappelle ! Je... je vais le dire à Amélie.

Alexandra referme la porte et revient s'asseoir à table.

— Si vous voulez, messieurs, nous passerons au gâteau. Ne vous en faites pas trop pour Adèle : je l'ai à peine touchée. Elle a hurlé de peur. Mais cela lui apprendra à toujours me donner le prénom de la voisine. "Aspasie", pff !

— C'est sans importance, madame, dit Tristan, ce qui en a beaucoup plus, c'est ce superbe gâteau, et je sens que nous allons nous délecter.

Le gâteau-moka succombe en toute sérénité. A son tour, le fromage s'évanouit en toute quiétude.

Après quelque temps, Adèle et Amélie reviennent enfin, l'air soulagé.

— Alors, Amélie, j'espère que vous avez réussi ?
— Mais bien sûr. La banque est celle qui se trouve à côté de chez nous. Mais cela n'a pas été sans mal de le lui faire avouer. Quand on lui a demandé le nom de sa banque, il en a dit un autre. Et après, il a bien rigolé quand on lui a dit que celle-là était dévalisée ; il a continué ainsi avec les quatre autres banques de la ville. Pour la cinquième, je n'allais plus lui dire qu'elle était dévalisée : je me serais contredite. Il a alors paru très soulagé, et a dit que c'était heureux car c'était réellement sa banque. Voilà !
— Ce n'est pas si mal travaillé. Pour vous récompenser, voici un peu de fromage, il est excellent. Toi aussi, Adèle, tu peux en prendre ; comme tu vois, je suis bonne quand tu ne fais pas de gaffes.

A ce moment, Victor pousse la porte, brandissant un sachet.

— Salut, patron ! J'ai votre pain ; ça a été dur de faire le tour des tables sans se faire remarquer, mais je rapporte un sac plein.
— Mon vieux Victor, que veux-tu que je fasse de ton pain ? Nous finissons de manger. Vois toi-même : canard à l'orange, tomates farcies, etc.
— Et moi qui me suis tapé un œuf sur le plat ! Si j'avais su, je l'aurais plutôt tapé à terre !
— Allons, remets-toi. Tiens, bois un peu de cet excellent champagne. Là ! Cela va déjà mieux.

Alexandra porte un toast.

— Messieurs, buvons à la réussite de nos projets !
— Oui, madame, à la réussite de « nos » projets, fait Tristan (pas forcément les mêmes ...).
— Il ne reste plus que la combinaison à connaître, reprend Alexandra, et mes sœurs pourront se mettre au travail. Quand comptez-vous aller à la banque, monsieur Tristan ?
— Oh, dès demain, madame, mais ce sera Jules qui ira trouver le directeur : après tout, c'est lui qui a eu l'idée.
— Alors, c'est parfait, conclut Alexandra. Avec un peu de chance, nous liquiderons l'affaire la nuit suivante, et ensuite... à nous la richesse ! N'est-ce pas, mes sœurs ?

Les intéressées n'en mènent pas large en se rappelant ce qu'il leur incombera de faire le lendemain...

— Maintenant, messieurs, je vous dis bonsoir, nous allons faire la vaisselle et puis dormir. Allons, Adèle, Amélie, dites bonsoir et débarrassez la table.

Elles obéissent. Tristan, ses compagnons, et le fantôme qui vient de se réveiller, descendent à la cave.

Dans la cave, Tristan s'emploie à fouiller le sac de Victor.

— C'est magnifique, Victor, tu es un as ! Cette fraise est délicieuse. (Il extrait du sac une fraise... de dentiste). 150.000 tours, cette fraise ? C'est remarquable. Les dentistes n'en ont pas tous de pareilles.
— Et c'est avec ça que vous allez découper la pierre ? questionne Nicolas. Ça durera longtemps.
— Bien sûr, mais au moins c'est plus silencieux qu'un marteau pneumatique. Et associé à de l'acide sulfurique, cela doit entrer comme dans du fromage blanc. Qu'as-tu encore comme fraises ?
— En voici une de 80.000 tours et une de 90.000.
— Ce sera suffisant. Je prendrai celle de 150, toi celle de 90, Jules celle de 80, et Nicolas se chargera de l'acide. Combien en as-tu acheté, Victor ?
— Cinq litres. En prendre plus aurait attiré l'attention, et...

— ... et ç'aurait été trop lourd...
— Comme vous dites, patron. J'ai encore dans mon sac 20 m de fil électrique, et des têtes de rechange pour les fraises.
— Oui, je t'ai demandé ces têtes, en prévision de l'usure par l'acide sulfurique. Bon, je vous quitte un instant, je vais voir si tout est calme.

Il sort de la cave, suivi du fantôme.

— Esprit, es-tu là ?
— Oh ça va, vieille plaisanterie ! Tu sais bien que je suis là.
— J'ai tenu à te parler, car tu peux me rendre service. Oui, en montant la garde devant la porte de la cave. Si quelqu'un paraît, tu n'as qu'à apparaître. Vois-tu, Alexandra pourrait percevoir quelque bruit suspect et craindre que nous ne volions sa poussière, ou plutôt celle de son oncle.
— Compris, tu peux compter sur le vieux brigand que je suis.

Tristan rentre dans la cave. Ses collègues ont déjà installé leurs outils, branché l'électricité, et à présent, ils poussent les matelas devant la porte, où se trouve le fantôme en faction, les bras croisés.

VENDREDI

— Mes quatre bandits se sont levés tard. Fatalement, après avoir foré une bonne partie du mur et de la nuit... Je suis allé jeter un coup d'œil dans le camp opposé. Au rez-de-chaussée, rien de bien spécial : Alexandra fait trimer ses sœurs. Pour l'instant, après un petit déjeuner frugal, elles nettoient la cuisine. Au premier étage, je n'ai vu que des lits défaits. Au second, le vieillard achevait son petit déjeuner ; il venait peut-être de passer sa dernière nuit ; à présent, il joue aux cartes, comme d'habitude.

Tristan émerge de la cave et se rend à la cuisine, suivi du fantôme.

— Bonjour, madame.
— Ah, monsieur Tristan ! Avez-vous passé une bonne nuit ? La mienne ne fut jamais meilleure.
— Je ne pourrais pas en dire autant. Le changement, voyez-vous. Je suis venu voir si vous aviez fini le petit déjeuner...
— Oh, oui, nous achevons d'ailleurs de nettoyer la cuisine. Vous attendrez bien jusqu'à midi, n'est-ce pas ? Il est déjà 10 h, ce ne sera plus long.
— Non, en effet. Bon, à tout à l'heure.

Tristan revient mettre ses compagnons au courant.

— Victor, qu'as-tu fait du sachet de pain, d'hier soir ?
— Je crois que je l'ai peut-être déposé quelque part...
— Essaie de te rappeler l'endroit, car c'est tout ce que nous aurons à nous mettre sous la dent, ce matin : les sœurs ne nous ont pas attendus.
— Ah, alors, il faudra passer la salle à manger au peigne fin : c'est là que je l'ai laissé...
— C'est à dire qu'on peut faire une croix dessus ! Jules, en allant faire ton travail à la banque, si jamais tu vois quelque chose qui se mange...

Jules opine de la tête et part accomplir sa mission.

Une demi-heure plus tard, Jules est de retour avec des sandwiches. Ils se précipitent dessus comme la misère sur le monde. Entre deux bouchées, Tristan questionne :

— Alors, Jules, comment cela s'est-il passé ?
— Mon Dieu, ce fut très aisé. Je suis entré et j'ai demandé le directeur à un employé ; il me l'a aussitôt donné, et je lui ai expliqué l'histoire : perte de la combinaison, oncle mourant, etc. Le directeur, tout sourire, m'a dit que c'était une combinaison alphabétique « spéciale », et il l'a écrite sur un papier qu'il m'a remis ; en rigolant comme un bossu, il m'a dit qu'un recommandé n'était pas nécessaire...

Jules tend le papier à Tristan, qui s'esclaffe !

— Vous ne devinerez jamais le mot de la combinaison ! Tenez-vous bien, c'est "ASPASIE" ! A présent, il faut annoncer ça à qui de droit. Sans ménagements. Nous n'allons quand même pas fatiguer nos cervelles mal nourries à la préparer au choc. Pour la punir, je devrais lui dire : « Aspasie, le mot est "Alexandra" », mais elle sera déjà suffisamment furieuse comme ça.

Ils montent à la cuisine, où ils trouvent Alexandra surveillant ses sœurs occupées à faire briller les cuivres.

— Entrez donc, messieurs. Nous mangeons dans quelque temps : le temps de nettoyer ces cuivres. D'habitude, nous ne le faisons jamais, mais maintenant que cela va nous appartenir...
— Madame, Jules revient à l'instant de la banque, et il a reçu de suite du directeur la combinaison du coffre ; c'est un mot de sept lettres...
— Dites vite, quel est-il ?
— Hé bien, c'est... "ASPASIE".

Alexandra blêmit. Mais elle a tôt fait de se reprendre.

— Mon oncle a toujours eu un faible pour cette petite voisine, cela explique son choix.

Amélie et Adèle échangent des sourires entendus.

— Allons, au travail, vous deux ! Il n'y a pas de quoi rigoler.

Résignées, elles reprennent leur astiquage. Alexandra découpe le pain en tranches chirurgicales.

Peu après, au cours du repas, Adèle interroge :

— Dis, Alexandra, les cuivres que nous avons fait reluire, ils seront pour nous, après ?
— Comment, pour vous ? Vous n'avez aucun droit là-dessus. Qu'est-ce que tu me chantes là ?
— Ben oui, quand notre oncle sera mort, nous hériterons aussi, et pas toi toute seule. Nous aurons donc droit à quelque chose. Pour commencer, les cuivres...
— Je vous trouve bien impertinente, ma sœur ! Sachez que si je le veux, vous n'aurez rien du tout ! C'est peut-être vous qui payez ces messieurs pour nous aider ? Vous avez juste le droit de vous taire, ici !
— Ah non, clame Amélie, nous nous sommes assez laissé faire. Ça ne se passera plus comme ça, cette fois-ci. Nous exigeons notre part de l'héritage, sans quoi nous ne faisons rien cette nuit, et tu n'auras qu'à agir toi-même.
— Mais c'est de la rébellion, ça ! Amélie, vous ferez ce que je vous dis, sans quoi vous n'aurez plus à manger. Ensuite, si vous n'avez pas encore compris, je peux toujours vous mettre à la porte. Qu'en pensez-vous ?
— Je pense que c'est ignoble ! On fait tout, ici, et on ne reçoit rien. Oui, à manger, et un endroit pour dormir. Mais l'oncle, on ne le tuera pas, malgré tes menaces ! Tu n'as qu'à nous mettre dehors : nous irons droit au commissariat dévoiler tes desseins. Et puis, ce n'est pas en nous jetant à la rue que tu hériteras, à moins de liquider le vieux toi-même. Donc, il vaut mieux qu'on s'entende...
— Elle a raison, dit Tristan. Il faut savoir faire quelques concessions. De toutes façons, les objets dont elles pourraient hériter ne quitteraient pas la maison, puisque leurs propriétaires y restent : cela ne changerait rien.

— Oh si ! Vous ne les connaissez pas ! Dès qu'elles auront leur part en mains, elles se hâteront de disparaître, de tout vendre, et de tout gaspiller. Puis, elles reviendront ici, vivre de mon bien à moi, après m'avoir lâchement abandonnée. Mais ça ne se passera pas comme ça ! Elles vont voir quelque chose ! Ah, je vais leur apprendre !

Elle se rue dans la cuisine, et en resurgit presque aussitôt, brandissant un balai-brosse. Elle se jette sur ses sœurs, leur fourre la brosse dans la bouche, les cheveux, les yeux, partout.

Les deux sœurs battent en retraite, se protégeant des coups comme elles peuvent. Alexandra frappe comme une possédée.

Amélie saisit une assiette sur la table et la lui lance. Adèle, qui a vu le truc, s'empare à son tour d'un peu de vaisselle, et en avant !

Les coups et les assiettes pleuvent de toutes parts. Les trois sœurs hurlent : les unes d'effroi, l'autre de colère. Tristan et ses hommes tentent vainement de les séparer.

— *Quelle pagaille ! Allons, il est temps que je m'en mêle !*

Le fantôme apparaît.

— *Ah, comme c'est bon ces cris de terreur ! Cela me rappelle le bon vieux temps.*

A demi-folles de frayeur, les sœurs se ruent à la cuisine, et les hommes de Tristan se précipitent au salon. Seul Tristan est resté.

— Alors, que penses-tu de mon petit effet ? dit le fantôme.
— J'avoue que c'est pas mal réussi. Le calme est revenu d'un coup. Regarde-moi tous ces débris, à terre : voilà quelques objets qu'il ne faudra plus partager...
— Elles devraient faire pareil pour tout, ça réglerait le problème.

— Oui... Bon, merci, à présent, tu peux disparaître. Je vais aller voir ce que font les sœurs.
— Elles doivent être stupéfaites de ton courage !
— Tu parles !

Le fantôme disparaît. Tristan pousse doucement la porte de la cuisine.

— Bouh !

Trois cris d'angoisse lui répondent. Il aperçoit les trois sœurs réfugiées sous la table, pelotonnées les unes contre les autres.

— Ne craignez rien, ce n'est que moi ! Vous pouvez sortir de là, tout danger est écarté, le fantôme a disparu.
— Vous en êtes sûr ? demande une Alexandra craintive.
— Oui, tout à fait, venez.

Il les aide à revenir à la surface, et les mène à la salle à manger.

— Vous n'avez pas eu peur, vous monsieur Tristan ? questionne Alexandra.
— Oh non, j'ai l'habitude. J'ai même un peu bavardé avec lui. Et savez-vous ce qu'il m'a dit ?
— Nooon...
— Qu'il reviendrait vous chercher toutes les trois et vous précipiter dans les flammes éternelles si vous cassez encore bêtement de la vaisselle. Il m'a aussi fait savoir qu'il aimerait que les trois sœurs aient une même part de l'héritage, sans quoi il préviendrait votre oncle de vos projets.

Alexandra accuse le coup et baisse la tête. Les sœurs se mettent à ramasser les débris de vaisselle.

— *Tristan ! Ouvre un peu la porte du salon !*

Tristan a entendu, ouvre la porte, et livre passage à trois masses informes gigotant sous un énorme tapis poussiéreux.

— Hé bien, que signifie cette mascarade ?

Victor risque une tête en entendant cette voix familière.

— Euh…, nous voulions combattre le fantôme avec ses propres méthodes. Mais comme nous n'avions pas de drap blanc, nous avons pris un tapis…
— Vous êtes absolument ridicules ! Ai-je eu peur, moi ? Même ces dames sont revenues avant vous, et sans tapis !

Un peu confus, ils se débarrassent du fossile et secouent leurs vêtements.

— Qui a eu cette idée originale ?
— Bah, moi ! dit Nicolas, rougissant.
— Comme tu vois, Nicolas, ces dames ont remis la pièce en ordre. Alors, fais de même pour le salon : ramasse ce tapis, et va ! Victor et Jules te donneront un coup de main.

Ils s'éclipsent tous trois, traînant l'épave derrière eux…

— A présent, fait Alexandra, puisque le "monsieur de tantôt" le désire, parlons donc partage.
— Oh oui ! chantent en chœur les deux sœurs.
— Ne vous réjouissez pas trop vite ; je pourrais changer d'avis. Faisons plutôt l'inventaire. Commençons par la cuisine ; c'est là que se trouve du papier, et de quoi écrire.

Elle entraîne ses sœurs dans la cuisine.

Les trois apprentis fantômes sortent du salon, le sourire aux lèvres. Un coup d'œil dans le salon laisse voir la table recouverte du tapis en guise de nappe…

Tristan et les siens descendent à la cave, récupérer d'une dure nuit de labeur.

Dans la cuisine, Alexandra a trouvé papier et stylo, et se met à table.

— Puisque nous sommes dans la cuisine, commençons par elle. Procédons avec ordre et méthode : mur par mur, armoire par armoire, rayon par rayon. Voyons, j'écris donc : un évier à deux robinets. Une poubelle automatique contenant…

(cinq minutes plus tard)

— … contenant 22 épluchures de pommes de terre, 46 restes de tomates farcies, 19 morceaux de canard à l'orange, 135 miettes du gâteau, 28 parties d'assiettes, 17 de tasses, 23 poils du balai, et 3 cm^3 d'un liquide vague et nauséabond qui stagne au fond.

Alexandra note tout cela. Après quelques heures de décorticage minutieux des "richesses" de la maison, on arrive seulement au 2e étage. Devant la chambre de l'oncle, Alexandra est perplexe.

— On ne peut tout de même pas faire l'inventaire quand il est là ! Il faudra employer la ruse et la serrure. Commençons par cette dernière. (Elle colle son œil au trou). Nous disons donc : une armoire, un lit, une chaise, une table, une lampe avec abat-jour plastique ; cela, pour les meubles. Maintenant, leur contenu. La table et la chaise, c'est fait. L'armoire : je crois qu'il y a 6 draps, 2 traversins, 2 essuies, 5 caleçons et 2 chemisettes ; il doit aussi s'y trouver deux chemises : une blanche et une de nuit, et 4 paires de bas. Non, 3 paires. Enfin, je ne sais plus. Sur le lit, nous avons deux draps, une couverture, un oreiller et un traversin. Je crois que c'est plutôt 4 paires de bas. C'est ennuyeux, il faudra aller voir. Amélie, veux-tu aller contrôler le contenu de l'armoire ?
— Moi ? Pourquoi pas Adèle ?
— Adèle ? Oh, mais elle t'accompagnera, ainsi pas de discussion ; j'avais oublié les cartes du vieux : Adèle les comptera. Ha ! Tant que vous y êtes, regardez le nombre de watts de la lampe. Allez, allez. Entre-temps, je fais l'inventaire de la pièce ici à côté.

Amélie et Adèle ne peuvent s'empêcher de soupirer.

— Qu'y a-t-il encore ? Je ne vous l'ai pas demandé assez gentiment, sans doute ? Il ne faut tout de même pas abuser ! Si vous exagérez, je vous resservirai une raclée, comme tout à l'heure, fantôme ou pas !

Elles s'exécutent en silence.

— *Celle-là est bonne ! Elles vont arracher les cartes des mains du vieux et lui gâcher sa réussite ; si ma crainte de trop effrayer l'oncle ne me retenait, j'irais bien leur faire quelques grimaces...*

Alexandra va fouiner dans la chambre contiguë.

— *Si elle trouve un objet intéressant, il figurera plutôt dans sa poche que sur sa liste...*

Effectivement, Alexandra vient de fracturer une boîte à chaussures, et après un moment d'hésitation, elle laisse couler dans sa poche... une rivière de diamants !

— *Là ! Qu'est-ce que je disais ! Elle a découvert les bijoux de feu sa tante. Pourquoi ne prend-elle pas tout ? Pour endormir la méfiance de ses sœurs ? Voyons ce qui reste. Bah, de la verroterie sans importance : un collier de perles, quelques brillants, une bague en or ; ce n'est rien à côté de ce qui vient de disparaître.*

Un sourire de satisfaction aux lèvres, Alexandra referme la boîte et poursuite son inventaire. Bientôt, la porte de la chambre s'ouvre et laisse s'échapper deux sœurs ravies d'en avoir fini.

— Anastasie, il y a ...
— Mais vous déraillez, Adèle ! coupe Alexandra.
— Euh, ma sœur; je voulais vous dire...
— Dites "Alexandra", comme tout le monde !
— Oui, oui..., Alexandra.
— Alors, qu'y avait-il ?
— 4 bas et 5 paires de draps, enfin, je veux dire 5 paires de bas et 4 draps...

— 5 draps et 4 paires de bas ! intervient Amélie. Tu devais t'occuper des cartes, toi !
— Ah oui, c'est vrai. Hé bien, au début, quand nous sommes arrivées, il y avait 52 cartes et 2 Joker, mais après, on en a perdu…
— TU en as perdu, se hâte de rectifier Amélie.
— Oui, et après, il n'y en avait plus que 48.
— Mais tu les manges ! s'exclame Alexandra.
— Non, non. Le pire…
— "Le pis" ! Cause convenablement !
— Le pis, c'est que l'oncle n'était pas très content : il a dit qu'il nous déshériterait.
— Il est temps qu'il s'y mette, alors, ironise Alexandra. Bon, je note : 5 draps, 4 paires de bas, 48 cartes. Les cartes qui manquent, je les retiendrai sur ta part, Adèle.
— Il y avait encore la lampe, risque Adèle. Elle fait 5 watts.
— Cinq watts ! Ah, c'étaient des bonnes lampes, ça ! Des lampes comme on n'en fait plus. C'était le bon vieux temps. Enfin !
— Je crois qu'Adèle a mal lu, intervient Amélie. J'ai nettement vu que c'était une lampe de 75 watts.
— Quoi ? 75 ? Mais il faut arracher ça ! Amélie, tu iras acheter une lampe de 15 watts et tu la mettras à sa place. Au fait, je ne sais pas. Si nous supprimons le vieux cette nuit, il n'aura plus besoin de lampe. Elle restera encore allumée deux ou trois heures ce soir, et au prix du kilowatt, je crois qu'acheter une lampe coûterait plus cher.
— Ça coûtera encore moins cher si on lui enlève son jeu de cartes, lâche Adèle. Ainsi, plus besoin de lumière.
— Excellente idée ! clame Alexandra. Tu iras les lui prendre !
— Non…!
— Ah, tu as compris ! Cesse de faire des propositions ridicules qui ne me sont pas venues à l'esprit, je sais très bien ce que j'ai à faire. Pendant que vous faisiez les pitres, à côté, je travaillais, moi ! Et j'ai découvert des choses intéressantes : regardez ce qui est écrit sur ma feuille.

Elles s'avancent et jettent un coup d'œil prudent ; aussitôt, leur visage s'illumine.

— Des diamants ! Des perles ! On est riche ! clame Adèle.

Amélie enveloppe Alexandra d'un regard soupçonneux.

— Et tout ça est encore là ?
— Mais évidemment ! Où voudrais-tu que ce soit ? Dans ma poche, peut-être ? J'aurais pu tout prendre et ne rien vous dire que vous n'en auriez jamais rien su.
— C'est vrai, tu as raison. Mais alors, c'est la fortune !
— Oui, la fortune divisée en trois, n'oubliez pas ! A présent, poursuivons l'inventaire, au grenier.

— Et tout le monde va au grenier. C'est le seul endroit encore à visiter, à part la cave. Quoi ? Qu'ai-je dit ? La cave ? Mais c'est terrible, ça ! Ce serait du joli si les sœurs découvrent le matériel de forage et le trou esquissé dans le mur.

Le fantôme se rue à travers les murs, jusqu'à la cave, où tout respire le repos du travailleur…

— Quel concert de ronflements ! On dirait qu'ils forent encore, mais au ralenti, avec la pointe de la tour Eiffel.

Tristan ! Réveille-toi ! Allons, la cave est en danger !

Il ne bronche pas. Quand il dort, tout ce que je puis faire, c'est provoquer un rêve ; mais cela dure longtemps avant de mettre le rêve en branle, et ce n'est pas toujours celui que je voudrais ! Allons, il faudra encore que je me fatigue : je monterai la garde devant la porte de la cave. Mais il est encore trop tôt, je remonte voir ce qu'il se passe au grenier.

Au grenier, le spectacle n'est pas triste… Amélie et Adèle tentent de redresser une grande armoire dont un pied a eu une défaillance pendant qu'Alexandra inventoriait les objets remisés au-dessus de l'armoire. Pour l'instant, Alexandra pend entre ciel et plancher. Ses mains glissent sur la poussière huileuse, et elle tombe sur ses sœurs qu'elle entraîne dans sa chute ; l'armoire, non soutenue, s'abat sur le tout avec le bruit d'un grand livre qu'on ferme, et emprisonne les trois sœurs.

On entend des sons caverneux émanant de l'armoire. Un coin se soulève péniblement, sous l'effort conjugué de cinq bras (le sixième tient l'inventaire). Les trois sœurs restent dans cette position : aucune n'ose lâcher un bras, car alors tout dégringole. Enfin, Alexandra a une inspiration : sans lâcher le meuble, elle pivote autour de son bras de façon à ne plus avoir que celui-ci sous le meuble. Ses sœurs en font autant. Sur un signe d'Alexandra, elles retirent toutes leurs bras, et le monstre s'effondre dans la poussière, recouvrant tout ce qu'il contenait.

— Heureusement que j'avais fini l'inventaire du contenu, dit Alexandra.
— On pourrait peut-être tout barrer de ce qu'il y avait dans l'armoire, fait Adèle. Quand on viendra chercher sa part, ce sera tout un travail de dégager ces objets…
— Rien à faire. D'abord, j'ai failli m'y rompre les os, et ensuite ces objets ne seraient à personne, et je crains qu'il n'y ait des "rats" qui viennent fouiner ici la nuit, tu comprends ?
— Oui, oui.
— A présent, passons à la dernière armoire ; elle est petite, celle-là. Tiens, elle est fermée à clef. Comment cela se fait-il ? Je ne vais jamais dans cette armoire, et je n'en ai pas la clef. Tant pis, on forcera la serrure.
— Non, intervint Adèle, tu vas abîmer le meuble.
— Mais tais-toi, enfin ! dit Amélie. Et s'il y avait un trésor, hein ? Tant pis, si on fait quelques griffes.
— Oui, mais est-ce bien nécessaire de…
— Tu vas cesser, oui ? coupe Alexandra. On dirait vraiment que tu n'as pas envie qu'on l'ouvre, ou que tu en as peur.
— Moi ? Pas du tout. Ouvre-la donc, tu verras bien si j'ai peur.

Alexandra saisit une barre de fer qui traînait là et, s'en servant comme levier, elle entreprend de forcer la serrure, mais ça ne va pas.

— Si j'avais un corps (refrain connu), j'irais lui donner un coup de main. D'autant plus que j'aperçois des choses, dans cette armoire, des choses !

— Veux-tu que je t'aide ? propose Amélie.
— Merci, mais c'est trop dur ; même à deux, nous ne pourrions y arriver.
— Et à trois non plus, ajoute Adèle. Vous feriez bien mieux d'abandonner ça. Il n'y a pas grand chose d'intéressant à l'intérieur. Allons, faisons autre chose.
— Tu entends ça, Amélie ? fait Alexandra d'un air songeur.
— Oui, c'est curieux, répond Amélie en considérant Adèle. Tu crois que…?
— J'en ai bien l'impression !

Adèle perd contenance.

— Alors, petite peste, tu la donnes, cette clef, ou on te la prend ? dit Alexandra en caressant sa barre de fer d'un air qui en dit long.

Adèle n'est pas du bois dont on fait les héros. Devant leur attitude résolue, elle exhume tristement une clef de sa poche, et, en tremblotant, la remet à Alexandra. Celle-ci bondit vers le petit meuble.

— On va un peu voir ce que tu caches là ! (Elle ouvre). Ha ! C'était donc ça ! Non mais, tu ne te prives de rien, dis ! Du chocolat, du saucisson à l'ail, du sucre candi, des bonbons pour la toux, du foie gras, des biscuits, des fruits confits, du boudin noir, du pain d'épices, du nougat, du lard, du sirop, du jambon, du vin…, et du sel . Du sel ? Pourquoi ?
— Pour saler le lard…
— Ma chère Adèle, tu m'étonnes ; je ne t'aurais jamais crue capable d'une telle hypocrisie, de tant d'égoïsme. Mais cela ne fait rien. Pour t'apprendre à être charitable, j'inscris tout cela aussi sur ma liste ; nous partagerons.

Adèle lance des regards haineux à Amélie.

— Tu m'as dénoncée, mais tu ne perds rien pour attendre. Moi aussi, je connais un endroit où tu vas souvent. Toi aussi, tu devras donner la clef, je te le promets.

Amélie pâlit.

— Ainsi, il y aurait une seconde armoire à surprises dans la maison ? questionne Alexandra.
— Oh oui, ma sœur, vous verrez, quand on arrivera dans la cave !

Amélie verdit.

— Hé bien, nous allons nous en rendre compte. Le grenier est terminé. J'ai fermé ton armoire et j'emporte la clef, bien sûr : ainsi, pas de tentations nocturnes à craindre. A présent, descendons.

Le fantôme les dépasse en trombe, emporté par un courant d'air ; il se rue à la cave, où il se campe devant la porte et apparaît. Devant lui se trouve l'escalier menant à la porte de la cave. On entend des pas pressés ; des pieds apparaissent à mi-hauteur ; ils rebroussent subitement chemin en écrasant les pieds qui suivaient. Tous s'immobilisent.

Alexandra parle à mi-voix.

— Il est là ! Le fantôme ! J'ai vu ses pieds devant la porte de la cave.

Des chuchotements lui répondent.

— Que fait-il ? Il n'aime sans doute pas qu'on aille fouiller la cave quand ces messieurs et leurs affaires s'y trouvent.
— C'est malin, ça, dit Adèle. Ainsi, on ne saura pas ce que contient ton armoire, Amélie. Et dire que je t'ai encore vue y enfermer de la pâte d'amande, avant-hier !
— Mais, coupe Alexandra, vous ne vous rendez compte de rien ! Le fantôme est là, en bas ! Le fantôme !

— Hi ! Le fantôme ! Le fantôme !

Elles regagnent précipitamment le niveau du rez-de-chaussée et se réfugient dans la cuisine.

Tristan, à moitié endormi, découvrant ses cordes vocales dans un monstrueux bâillement, ouvre la porte de la cave et voit son aïeul montant la garde.

— Alors, grand-père, que veux-tu encore faire ? Tout ce bruit m'a réveillé.
— Mais enfin, elles voulaient pénétrer dans la cave !
— C'est leur droit, elles sont chez elles, répond Tristan encore à moitié endormi.
— Alexandra désirait faire l'inventaire de la cave, l'in-ven-tai-re !
— Ah oui, cet inventaire, et après...? Oups ! (il s'étrangle) Comment ? L'inventaire ? Où avais-je la tête ? Moi qui ne m'apercevais de rien ! Mais alors, tu nous as sauvés ! Une fois de plus... Sans toi !
— Ça va, ça va. Sors plutôt ton agenda et prends note de ce que contient la cave. Pour commencer, indique la petite armoire à demi cachée sous le tas de charbon : c'est celle d'Amélie, je t'expliquerai. Écris aussi qu'elle ne contient rien, que tu as brisé la serrure pour regarder. En réalité, ce doit être un véritable garde-manger ; si un jour tu as faim...
— Merci du renseignement, ça servira peut-être ce soir.
— Je ne crois pas. Je vois plutôt quelqu'un enclin aux largesses ce soir.
— Oui ? Enfin, tu en sais plus long que moi, j'ai dormi tout le temps.
— Moi pas. J'ai appris des choses très intéressantes. Si tu trouves une banque vide, tu auras de quoi te consoler, je te le garantis.
— Tu m'intrigues, mais comme je te connais, tu n'en diras rien de plus si tu ne le désires pas.
— Ben non, plus tard. Entre-temps, continue ton inventaire. Pour le charbon, ne crains pas une erreur de quelques kilos, mais de préférence mets un nombre non divisible par trois.
— D'accord.

Tristan s'occupe de l'inventaire, très superficiellement, du reste. Puis il va retrouver les sœurs dans le salon qu'elles finissent de remettre en ordre.

— Madame Alexandra, pour vous éviter des problèmes avec un esprit qui aime bien vous taquiner, j'ai fait moi-même l'inventaire de la cave.

Alexandra parcourt le document.

— Tiens, la petite armoire est vide ?
— J'ai eu l'honneur de le constater, madame.
— Ces bandits ont certainement fait main basse sur tout, murmure Adèle à Amélie. Tu vois, j'ai eu plus de chance que toi : j'ai encore droit à un tiers de ce que contenait mon armoire, tandis que toi, tu n'as plus rien, rien, rien ! Après tout, c'est bien fait : ça t'apprendra à me laisser tomber.

Amélie se rembrunit.

— Cessez vos messes basses, vous deux, et allez plutôt préparer la table. Nous sommes déjà très en retard, grâce à votre inventaire.
— Mais c'est toi qui l'as fait, dit Adèle.
— Et c'est vous qui l'avez voulu ! Ne discutez pas et allez !

Les sœurs vont dans la salle à manger.

— *Alexandra s'énerve vite ; l'approche de l'heure H, peut-être... J'ai quelque peu réfléchi, cet après-midi, à cette histoire. Le pauvre oncle me fait pitié et je serais désolé qu'il lui arrive malheur. Aussi, des mesures préventives s'imposent et je vais en toucher mot à Tristan.*

Le fantôme apparaît et retient Tristan qui allait suivre les sœurs.

— Sais-tu qu'on va assassiner quelqu'un cette nuit, dans cette maison, presque sous tes yeux ?

39

— Hélas, oui ! J'aurais dû improviser un stratagème qui nous aurait permis de gagner du temps, mais le sommeil m'a enveloppé et je n'ai rien pu trouver. Que veux-tu, les nuits blanches, ce n'est pas dans mes habitudes...
— C'est ça, tu t'habitueras quand tu seras fantôme, toi aussi.
— Oh, je te vois venir. Encore un sermon en perspective. Et puis, ce n'est pas moi qui vais supprimer le vieillard...
— Non, tu seras complice, tout simplement. Autre chose : auras-tu fini ton travail, cette nuit ?
— Aïe, aïe, aïe ! Encore quelque chose que j'avais oublié ! Mon réveil aura été douloureux. Bien sûr, que je n'aurai pas percé le mur cette nuit ! Il faut absolument trouver un moyen, quel qu'il soit. Menacer les sœurs ? Les ligoter ? Non, elles parleraient, ensuite, et nous devrions les...
— Si je peux te proposer quelque chose..
— Oh, mais je t'en prie !
— Voilà. Laisse tout se dérouler comme prévu : les sœurs pourront vaquer tranquillement à leurs occupations sinistres. Toi, tu n'as qu'une chose à faire : donner à boire au vieillard. Oui, fais-le boire. Pas du vin, bien sûr, mais de l'eau : à partir de 23 h, tu lui fais porter un verre d'eau, chaque quart d'heure, pendant une heure.
— Mais que diront les sœurs ?
— Oh, tu leur expliqueras qu'il s'agit d'un somnifère pour faciliter leur tâche. Tu as encore quelques comprimés d'aspirine dans ta poche : tu les dissoudras dans le verre d'eau, devant elles. Elles n'y verront que du feu. De toutes façons, cela ne peut nuire au vieillard.
— Mais comment cela l'aidera-t-il ?
— Ça, tu le verras. Ou alors, c'est que mon plan aura échoué... avec les conséquences qu'on devine. Allons, je te quitte. Va réveiller tes adjoints, le repas est presque prêt.

Tristan ranime aisément ses compagnons ; ils sont à présent frais et dispos pour une nouvelle nuit de travail de forçat. A leur entrée dans la salle à manger, un grand sourire illumine soudain leurs faces...

— *Alexandra a fait des frais : entrecôtes, pois et carottes, frites, bière. C'est la rivière de diamants dormant au fond de sa poche qui rend Alexandra si généreuse ; d'habitude, ils doivent se nourrir de nouilles.*

A ce moment, Amélie revient de la cuisine avec une assiette : la pâtée pour le cher oncle ; pour une fois, ce ne sont pas des nouilles, justement. Après l'avoir montrée à Alexandra, Amélie se dirige vers l'escalier en reniflant le plat.

— *Son nez finira dedans !*

Peu de temps après, on entend quelqu'un dégringoler l'escalier, et Amélie pénètre en coup de vent dans la salle à manger, le contenu de l'assiette peint sur la figure...

— *Qu'est-ce que je disais !*

— Hé bien, Amélie ?
— Quand l'oncle a vu ce que contenait l'assiette, il m'a crié : "C'est le repas du condamné, ou quoi ? On va essayer de me liquider cette nuit, sans doute ?", et il m'a jeté l'assiette à la figure. Je me suis alors enfuie, mais j'ai entendu qu'il criait quelque chose au sujet d'un billet qu'il avait écrit et jeté par la fenêtre...
— Quoi ? Il aurait fait ça ? Mais c'est dangereux ! Il faut aller voir ! Adèle, vas-y et ne reviens pas sans le billet ! Dieu sait ce que dans sa démence, il a pu griffonner sur ce papier. Il pourrait nous accuser d'en vouloir à sa vie, ou demander d'être conduit à l'hospice, ou que sais-je encore ? Ah, messieurs, qu'ai-je fait pour mériter cela, je vous le demande ! Amélie, va voir toi aussi : vous ne serez pas trop de deux. Ah, j'aurais dû prévoir, prévenir...
— Ne vous faites pas trop de soucis, intervient Tristan, ce billet traîne certainement sur le trottoir, ou dans un égout quelconque. Il n'y a pas de quoi s'en faire. La preuve : votre oncle a jeté ce billet cet après-midi, probablement, et aucune réaction n'a eu lieu. Cela devrait déjà vous rassurer quelque peu.

— Oh, si peu ! Vous ne connaissez pas cet homme : voilà 103 ans qu'il m'empoisonne l'existence !
— 103 ans ! dit Jules. Mon Dieu, vous ne les paraissez pas !
— Ce n'est pas exactement ce que j'ai voulu dire, réplique Alexandra d'un air pincé. Cet oncle m'exaspère et me torture depuis que je le connais. Mais où donc restent Amélie et Adèle ? Amélie !
— Voilà, voilà, j'arrive, dit la voix lointaine d'Amélie.

Amélie, seule, entre.

— Et alors ?
— Ben, on n'a rien trouvé, dit Amélie en se grattant la tête. Il y avait bien des papiers sur le trottoir, mais aucun n'était écrit à la main.
— C'est terrible, ça ! Quelqu'un l'a donc ramassé et a probablement fait ce que l'oncle demandait, et Dieu sait ce que c'était !
— Mais, dit Tristan, vu la faiblesse d'esprit de votre oncle, on peut supposer que ce qu'il demandait n'était guère sensé. Cela expliquerait l'absence de conséquences : aucune ambulance n'est venue, personne n'est venu enquêter... (sa voix s'éteint).

Il comprend subitement que la situation est sérieuse. Si d'aventure un policier s'amenait, ils auraient quelque difficulté à expliquer leur présence. Tristan et ses compagnons se lancent des regards significatifs.

— Je crois, madame, poursuit Tristan, que nous ferions mieux de nous retirer dans la cave ; vous comprenez, nous ne désirons pas vous attirer des ennuis. Toutefois, si vous avez absolument besoin de nous, nous restons à votre disposition. Si je peux vous conseiller, faites disparaître nos assiettes et nos couverts : il ne faut pas laisser de traces...
— Nous pourrions plutôt les emporter, propose Nicolas : on continuera le repas dans la cave...
— D'accord. Servons-nous encore une fois, et descendons.

C'est ce qu'ils font sous le regard mi-étonné (de ce brusque départ), mi-interloqué (se servir deux fois !) d'Alexandra.

Alexandra reste seule avec Amélie. Soudain, elle s'écrie :

— Amélie, qu'as-tu fait d'Adèle ?
— Mais rien, elle est restée dehors quand je suis rentrée. Je vais la chercher, si tu veux.
— C'est ça, vas-y. Tu vois qu'elle se serait fait enlever ! Et qu'on exige une rançon ! Ah, quelle vie !

Elle se prend la tête entre les mains. Amélie réapparaît bientôt, remorquent une Adèle mal à l'aise.

— Alors, où es-tu donc restée ? Je me faisais du mauvais sang à cause de toi, et pour rien !
— Tu m'avais dit de ne revenir qu'avec le papier, et comme je ne l'ai pas trouvé…
— C'est bien le moment de jouer sur les mots ! Tu ne te rends pas compte de la situation dans laquelle nous sommes ! Tu ne vois pas qu'à tout moment on peut sonner, et que…

Évidemment, on sonne. Toutes trois restent pétrifiées.

— *Ce n'est pas moi qui irai ouvrir, tout de même !*

Alexandra se ressaisit.

— Amélie, va ouvrir et regarde qui c'est.

Amélie se met péniblement en marche. Au passage, elle griffe du regard une Adèle soulagée d'échapper à cette corvée ; un nouveau coup de sonnette la fustige, et elle disparaît dans le couloir. Peu après, elle revient et livre passage à un homme de noir vêtu, à demi chauve, au ventre et à l'air importants, une mallette et un chapeau à la main.

— Madame, je suis notaire, et vous êtes la nièce de votre oncle, je présume ?

Alexandra s'empresse, obséquieuse.

— Oh, monsieur le notaire, nous ne vous attendions pas. Quel honneur pour nous de vous recevoir, et...

L'homme de loi coupe court aux effusions.

— C'est votre oncle, madame, qui m'a prié de venir. Il l'a d'ailleurs fait d'une manière que je ne m'explique point : un billet énigmatique apporté par un inconnu qui l'a reçu mystérieusement. Pourquoi n'êtes-vous pas venue vous-même ? Vous ne semblez pas malade et un peu d'air ne fait que du bien. Enfin ! Vous étiez peut-être occupée...
— Oh oui, précise Adèle, tout l'après-midi, on a fait l'inv... Paf ! (Alexandra lui colle une gifle magistrale).

Le notaire prend un petit air offusqué et se remonte dignement la cravate. Alexandra se frotte la main.

— Si vous voulez me conduire auprès de mon client, dit le notaire à Amélie. Après tout, c'est pour cela que je suis ici. Les questions d'ordre familial ne m'importent nullement. Votre oncle avait certainement une raison de me prévenir de la sorte. Montre-moi le chemin, je vous prie.

Amélie obéit. Adèle se masse la joue. Alexandra s'abîme dans ses pensées. Soudain, elle relève la tête, d'un air mauvais.

— Si ce notaire de malheur tricote un testament qui nous déshérite, il ne sortira pas vivant d'ici. Je vais demander l'aide de ces messieurs ; il est temps qu'ils travaillent un peu pour leur nourriture.
— Tu ne vas pas faire ça ? supplie Adèle. On sait qu'il est venu ici ; quand on ne le reverra plus, on saura où chercher.
— Tu radotes ! Quand on viendra, on ne trouvera plus rien. Je fais confiance à ces messieurs pour trouver une solution à tes petits problèmes. Et si tu me casses trop les pieds, ils te supprimeront aussi !

Elle se met en route vers la cave.

— *Vais-je la laisser faire ? Tout découvrir dans la cave ? Persuader Tristan de commettre un meurtre ? Non, ça je ne veux pas.*

Le fantôme plonge vers la cave. Au moment où Alexandra arrive devant la porte de la cave, le fantôme y apparaît et offre un large sourire à un visage décomposé par l'effroi. Alexandra détale à toutes jambes en poussant un cri perçant ; le fantôme disparaît et la suit. Alexandra s'affale sur la table de la salle à manger et se met à sangloter.

— Ah, le monde est injuste ! Mais qu'ai-je fait ? Tout est contre moi et tout le monde aussi !

L'entrée du notaire accompagné d'Amélie endigue ce flot de larmes. Alexandra se ressaisit.

— Alors, monsieur le notaire ?
— Ah, madame, je suis "porté-z-à croire" que vous avez bien irrité le vieillard. La vérité est simple, mais difficile à dire ; il vous a toutes trois déshéritées, au profit…
— Quoi !? s'exclament les trois sœurs.
— … au profit de l'association des joueurs de bridge réunis. Vous auriez mieux fait de le laisser jouer tranquillement aux cartes, cet après-midi. Enfin, ce sont vos affaires. Je vous exprime mes profonds regrets, et, avec votre permission, je me retire. C'est par ici, je crois ?

Abasourdie, Amélie le reconduit. Alexandra est atterrée. Adèle a du mal à suivre le flot des événements et essaie de comprendre.

Le retour d'Amélie ranime Alexandra, et sa fureur se rallume.

— Testament ou pas, le vieux trépassera cette nuit ! Vous m'avez entendue, Amélie et Adèle ? Et surtout, ne le ratez pas ! Sans quoi, demain, je fais un malheur ! Oh oui, je fais un malheur ! Le testament, ce n'est pas grave, je finirai bien par

45

trouver un moyen de le récupérer. A présent, je monte dans ma chambre, je suis brisée. Éteignez les lumières, prévenez ces messieurs, et montez veiller. Et à minuit, prenez vos couvertures, montez à la chambre du vieux, et alors, allez-y carrément, ne vous gênez pas ! Allons, bonsoir. Et bonne chance quand même.

Elle quitte la salle à manger, ployant sous le fardeau des malheurs. Amélie éteint les lumières, tandis qu'Adèle va raconter aux autres ce qu'il s'est passé. Tristan prend Adèle à part ; il lui remet les aspirines "somnifères", avec les explications assorties.

SAMEDI

Au second étage de cette maison sinistre, le mort... se porte bien ! Tout s'est passé selon mes prévisions. A partir de 23 heures, Adèle a porté quelques verres d'eau au vieillard. Celui-ci, à moitié endormi, a tout avalé sans protester. Et cela lui a sauvé la vie...

Alexandra, dans son lit, étire une paupière, l'ouvre avec précaution, fait de même avec l'autre ; par l'ouverture ainsi pratiquée, elle coule un regard sur le réveil, et se redresse, le sourire aux lèvres. A peine prend-elle le temps de jeter une robe de chambre sur ses épaules, qu'elle se dirige vers le second étage, vers la pièce qu'elle espère mortuaire.

Elle se recueille devant la porte. Au moment d'ouvrir, un réflexe machinal la pousse à coller son œil à la serrure. Elle se fige de stupéfaction : le "mort" s'étire dans son lit !

Elle veut en avoir le cœur net et trotte vers la chambre d'Amélie, où elle entre en coup de vent. Amélie se réveille en sursaut, les yeux ensommeillés. Quand elle reconnaît Alexandra, sa lucidité revient d'un coup.

— Alors, Amélie, expliquez-moi comment il se fait que le mort bouge encore les bras et s'étire ?
— Hé bien, je crois que c'est parce qu'il n'est pas mort...
— Quoi ? Pas mort ? Tout bonnement ? Vous avez donc raté votre coup ?
— Oui, mais ce n'est pas notre faute : on ne pouvait pas prévoir qu'il se lèverait pour aller aux toilettes...
— C'est ça qui a tout mis à l'eau ?
— Hélas, oui. Adèle et moi, nous arrivions avec les couvertures. Juste au moment où on s'apprêtait à les déposer, il se réveille et se lève pour aller aux toilettes. Nous n'avons eu que le temps de nous aplatir à côté du lit et de profiter de son absence pour nous éloigner.
— Voilà bien une curieuse coïncidence ! Lui qui ne se lève jamais la nuit ! Et vous avez abandonné, évidemment ?

— Oh non, vers 1 h du matin, nous avons recommencé. Mais il nous a joué le même tour. Et cette fois il nous a vues ! Oh là là ! Qu'est-ce que nous avons pu entendre ! Qu'il nous déshériterait...
— C'est déjà fait.
— ... que nous étions des monstres, et encore un tas d'autres bêtes, qu'on irait en prison quand il en aurait assez de nous voir, etc., etc.
— Somme toute, vous avez encore gaffé magistralement ! Mais vous ne savez donc rien faire de vos dix doigts ! Qu'ai-je bien fait pour avoir deux empotées pareilles ! Et ce n'est pas la peine de m'échauffer la bile pour vous, c'est inutile, vous êtes incurables ! Je sais ce qu'il me reste à faire : je vais agir seule, je trouverai bien quelque chose. Mais vous pouvez être certaines que cela une influence sur les parts de l'héritage, ça oui !

Elle sort, furieuse, et va s'habiller. Le fantôme descend à la cave, où il réveille Tristan.

— Tu sais, mon plan a réussi ! Oui, l'eau que tu as fait boire au vieux était destinée à provoquer un besoin naturel, vers l'heure de son assassinat. Et ça a marché ! Et ici ?

Tristan lui montre dans le mur une ouverture déjà profonde ; encore une mince pellicule à enlever, et les compères seront dans la banque.

Une Alexandra songeuse se glisse hors de sa chambre et gagne silencieusement la cuisine. Amélie et Adèle, hâtivement vêtues, y tournent en rond, s'attendant au pire. L'entrée d'Alexandra les fige sur place.

— Alors, les idiotes, on fainéante ?
— Ah non ! clame Amélie, on n'est pas des idiotes ! Tu n'as pas le droit...
— Quoi ? Qu'oses-tu dire ? Non mais, tu veux en tâter, oui ? (Elle brandit une poêle en fonte qui traînait là). Oui, tu en veux ? Ose répéter ce que tu as dit, ose ! Je te défoncerais le crâne avec délices ! Tu ne manques pas de culot, mais moi je ne

manque pas d'audace ! L'idée de te faire jaillir le cerveau par les narines ne me déplairait pas, je t'assure, au contraire, j'adorerais !

Elle a le meurtre dans les yeux. Amélie et Adèle, terrorisées, reculent en se protégeant les visage des mains. Alexandra se calme ; elle dépose la poêle. Puis, elle bondit.

— Prépare le petit déjeuner ! hurle-t-elle à Amélie. Et toi, va réveiller ces messieurs ! aboie-t-elle à Adèle.

Puis, elle se croise les bras et surveille Amélie d'un regard mauvais.

La porte s'ouvre et livre passage à "ces messieurs", qui avaient rencontré Adèle et la remorquaient vers la cuisine. Alexandra se précipite au-devant d'eux.

— Ah, messieurs, quel malheur !
— Votre oncle est décédé ? s'enquiert hypocritement Tristan en joignant les mains.
— Mais non, justement : il vit ! Ces deux *idiotes* (elle appuie sur le mot) ont lamentablement raté leur coup. Figurez-vous qu'elles ont été surprises par l'oncle qui devait se rendre aux toilettes ! Elles avaient bien choisi leur moment ! Comme elles s'apprêtaient à déposer leurs couvertures, il se lève ! C'est une bien curieuse coïncidence, vous ne trouvez pas ?

Tristan se trouble, vu qu'il y est pour quelque chose…

— Elles auraient inventé toute cette histoire et passé la nuit au lit, que cela ne m'étonnerait nullement.

Tristan se rassérène.

— Vous avez peut-être raison, dit-il. Et qu'allez-vous faire, maintenant ? Il faudra utiliser un autre procédé, puisque celui de cette nuit est brûlé.
— Brûlé ?

— Oui, c'est un terme de métier.
— J'y réfléchis. Je trouverai bien quelque chose. Quelque chose qui ne nécessitera pas le concours de ces deux *idiotes*.

Elle transperce du regard les intéressées.

— Messieurs, j'ai besoin de votre aide. Vous savez que notre oncle nous a déshéritées, hier. Ce que je vous demande, c'est d'aller voler le testament. Je crois que pour des hommes d'expérience comme vous, ce sera assez aisé. Qu'en pensez-vous ? Pourriez-vous m'apporter le papier avant ce soir ?
— Madame, répond Tristan, ce que vous demandez n'est guère facile. Mais pour des artistes comme nous, ce sera un jeu d'enfant. Je peux vous affirmer que dans trois, quatre heures au plus, le testament sera entre vos mains. Victor le serrurier, Jules le cleptomane et Nicolas l'étrangleur, exécuteront à merveille le plan que je vais concevoir.
— Mais, patron ! supplient trois voix.
— Je vous expliquerai mon plan en détail, après le *petit déjeuner* (en élevant la voix sur ces mots). D'ici là, laissez-moi réfléchir.
— Je vous souhaite bonne chance à tous trois, dit Alexandra. J'espère que vous, au moins, vous réussirez, que vous n'imiterez pas ces deux *idiotes*.
— Aucun danger, madame. Dès que le *petit déjeuner* sera fini, nous nous mettrons à l'œuvre. Et plus tôt le *petit déjeuner* sera fini, plus tôt nous nous mettrons à tab…, enfin, je veux dire… Oh, je crois que c'est la faim qui m'enlève les moyens !
— Mais c'est vrai ! Vous avez raison, et vous devez justement beaucoup réfléchir ! Allons, les *idiotes*, pressez-vous un peu, avec vos sandwiches ! Messieurs, vous pouvez déjà passer dans la salle à manger, nous arrivons bientôt. Que voulez-vous, le service laisse à désirer, quand on n'a à sa disposition qu'une paire d'*idiotes* !

D'un coup d'œil glacial, elles fige un soupir sur les lèvres d'Adèle.

— *Brr ! Quelle femme ! Et Tristan ? Va-t-il faire risquer des années de prison à ses hommes ? Cambrioler un notaire, en plein jour ! Je sais, il est un peu insouciant, mais après des séjours répétés entre quatre murs, il ne s'engagera plus à la légère ; il doit avoir une idée derrière la tête.*

Pendant que tout ce beau monde s'empiffre, je vais rendre visite au vieil oncle.

M'y voilà. Pour changer, il fait des réussites... Et il semble très content. Pourtant, avec une Alexandra qui grignote le fil de l'épée de Damoclès au-dessus de sa tête ! Mais c'est qu'il s'excite ! Je vois : il a réussi une réussite. Et hop ! Il en entame aussitôt une autre. Il faut croire que cela va beaucoup mieux depuis la disparition de certaines cartes...

Bon, je redescends voir ma troupe. Où en sont-ils ? Oh ciel ! Ils ont osé vider le bocal de confiture ! Et ils en attaquent un deuxième ! Alexandra est tellement absorbée dans ses réflexions qu'elle ne voit rien de ce qu'il se passe. Tristan n'a pas l'air de s'en faire ; il engloutit paisiblement. Amélie et Adèle se refont des forces comme elles peuvent : leur mâchoire est encore raidie par la terreur...

Pendant qu'ils sont occupés, je vais aller jeter un coup d'œil dans la salle des coffres de cette fameuse banque.

Le fantôme se retrouve dans une pièce vétuste et empoussiérée, à la conception surannée.

C'est ça, une salle des coffres ? Il n'y en a que deux ! Je dois avouer qu'en y regardant de plus près, je distingue dans la poussière les empreintes de dizaines d'autres coffres, de toutes dimensions. Seraient-ils occupés à déménager ? Ce serait le comble ! Tous les efforts et la ruse de Tristan n'auraient servi à rien.

Le fantôme monte au rez-de-chaussée de la banque. En effet, on déménage bel et bien ces locaux d'un autre âge. Des ouvriers emportent les derniers meubles ; un monsieur à l'air important furète en tous sens, pour voir si on n'a pas oublié une liasse... Un ouvrier s'approche de lui.

— Pardon, m'sieur, et les deux coffres qu'y 'core en bas ?
— Laissez-les, mon ami. Le camion spécial a un ennui, et comme il ne sera réparé que lundi, ce n'est pas la peine d'exposer ces coffres sur le trottoir...

— *Ouf ! Je suis rassuré. Plus rien à craindre, ainsi. Mais je vais quand même vérifier le contenu de ces coffres : si on les a vidés...*

Le fantôme redescend auprès des coffres. Il plonge la tête dans le premier.

— *Celui-ci contient des bijoux, tout le matériel pour aller au théâtre. Je distingue des émeraudes, des pierres dont j'ignore le nom, des bracelets en or, des boucles d'oreille, etc. Voyons l'autre coffre, à présent.*

Hm, il ne renferme que de l'argent, mais alors, beaucoup et en peu de billets. Je distingue des billets de dix mille, de cinquante mille, de cent mille, même ! Ça doit être une monnaie étrangère. J'essaie de voir le nom du pays, mais ce n'est pas facile, dans cette obscurité, malgré mon regard ultra-lucide. Ah, je crois que j'ai trouvé où c'est écrit : "Mo-no-po-ly". Connais pas. Sans doute encore une nouvelle république. Bon, Tristan pourra dévaliser tout à son aise, sans crainte d'une mauvaise surprise : des cailloux et du papier, un repas complet, quoi ! Je remonte.

Dans la salle à manger, l'orgie est précisément terminée ; le second bocal de confiture est nettoyé. Tristan emmène ses hommes au salon pour leur exposer son plan.

— Il est bien entendu, commence-t-il, que je n'ai nulle envie d'avoir cette affaire de notaire sur le dos. Il faudrait un savoir-faire peu commun pour cambrioler un notaire en plein jour, ou alors adorer les lentilles et les haricots du gouvernement.

Ses compagnons font la grimace...

— Aussi, il n'est pas question de satisfaire Alexandra. Pourtant, si nous voulons rester ici, il faudra bien faire semblant d'obéir. Voici ce que je vous propose. Vous sortez tous trois d'ici, sous prétexte d'aller voler le testament. En réalité, vous vous procurez du papier et un stylo, vous rédigez vous-mêmes un testament, et vous le rapportez ici pour le déjeuner.
— Patron vous êtes sensationnel ! s'exclame Victor, soulagé.
— Oh oui ! approuvent les deux autres.
— Essayez de ne pas écrire trop d'âneries sur ce papier, conseille Tristan.
— ... pas trop « d'idioties », corrige Nicolas.

Et tous quatre de rire, bêtement.

— Victor, profites-en pour acheter une scie à métaux, pour la ferraille du mur, et des lames de rechange.
— OK, boss !
— Bon, disparaissez, maintenant. Saluez le notaire de ma part. Quand vous reviendrez, pas un mot de vos "exploits", hein ! Si on vous questionne : secret professionnel. Il ne s'agirait pas de raconter chacun votre version du cambriolage. Allez, et revenez à l'heure dite.

Ils sortent. Tristan gagne la cuisine, où deux sœurs font la vaisselle ; la troisième est perdue dans un livre de cuisine. A l'entrée de Tristan, elle en extrait son nez, et lâche :

— Je vais vous régaler, ce soir : une purée de champignons !
— C'est bien aimable, il ne fallait pas...
— Ne me remerciez pas. C'est bien involontairement que je suis amenée à bricoler ça. C'est le seul système que j'ai trouvé pour nous débarrasser du vieux : dans sa purée à lui, il y aura comme par hasard un champignon vénéneux : l'amanite phalloïde, extrêmement dangereux, hé, hé, hé !

— *On dirait la sorcière de Blanche-Neige...*

— Mais, objecte Tristan, cela laisse des traces, et on découvrira qu'il a été empoisonné.
— Pas d'importance. Il arrive assez souvent qu'au milieu de champignons inoffensifs, il y en ait un... moins bon, et la fatalité aura voulu que ce soit le vieux qui en « hérite », si je peux dire... A la rigueur, pour plus de vraisemblance, je peux aussi en laisser tomber un morceau dans l'assiette d'une idiote ou l'autre, hi, hi, hi...

Elle savoure son petit effet.

— Maintenant, je vous laisse. La vaisselle est finie. Je pars acheter les champignons et cueillir mon amanite.

Tristan reste seul avec les deux sœurs ; Amélie rompt le silence.

— Nous allons aussi vous laisser, monsieur. Nous n'avons pas beaucoup dormi cette nuit ; nous avons veillé jusqu'à une heure du matin, et ensuite, c'est la peur d'Alexandra qui nous a tenues éveillées. Nous allons récupérer quelque peu.
— Je vous comprends très bien. Je vais d'ailleurs faire de même, car ma nuit a été assez agitée...

Tristan descend à la cave et s'installe sur son matelas.

— Grand-père...
— Oui, je suis là. Laisse-moi d'abord te féliciter pour la solution que tu as trouvée à l'affaire du notaire. C'est un bon tour que tu leur joues.
— Merci. Ça n'a pas été très ardu, je t'assure. Mais je voulais te demander : pour les champignons, connais-tu un contrepoison ?
— Tu sais, de mon temps, je m'intéressais plutôt à ce qui empoisonnait les gens qu'à ce qui les sauvait... Heureusement, pour le champignon qu'Alexandra a choisi, je connais le remède. Voici ce que tu feras. Dans l'eau qu'on donnera au vieillard, tu mettras une bonne pincée de sel ; c'est le meilleur

remède que je connaisse, un de tes ancêtres l'a utilisé avec succès...
— Ce n'est pas compliqué, dis donc ! Je m'attendais à devoir cueillir des herbes bizarres autant que rares, et à en faire une mixture peu ragoûtante, impossible à faire avaler.
— Alors, tu es rassuré. Pour l'administrer, débrouille-toi, tu peux bien faire quelque chose.
— D'accord, d'accord. Le sommeil porte conseil : je vais dormir un peu pendant que les idiots se promè... ça y est, Alexandra m'a contaminé avec ses "idiotes". A tout à l'heure.

— Et voilà, tous ronflent dans la maison. Contrairement au dicton, quand le chat est parti, les souris ne dansent pas, elles dorment, car quand le chat est là, elles restent sur leurs gardes et ne peuvent se reposer...

Bon, je vais errer, c'est tout ce qu'il me reste à faire...

....

Midi et des poussières. Alexandra est revenue et déballe ses champignons, à la cuisine. Tristan, réveillé, vient l'y retrouver.

— Ah, monsieur Tristan ! Vous voyez, j'ai mes champignons. Et regardez celui-ci : il ne se distingue pas beaucoup des autres, n'est-ce pas ?
— Non, en effet. Les autres sont blancs et légèrement jaunes, et celui-ci est jaune verdâtre.
— Et quand ils sont cuits et en purée, ils sont tous pareils !
— J'espère que vous ne l'ajoutez qu'à la dernière minute ?
— Oui, oui, ne vous en faites pas. Je me débarrasserais volontiers d'Adèle et d'Amélie, mais on pourrait avoir des soupçons. Alors...
— Bien sûr, c'est plus prudent.

On entend un bruit de foule dans le couloir. Tristan va voir. Ce sont les Belles à la Chambre dormant et les Princes de la Foreuse à Baîton qui ont fait leur jonction... Tandis que les unes se glissent silencieusement à la cuisine, les autres remettent à

Tristan une feuille de papier, pliée en quatre, et légèrement chiffonnée.

— Tiens, il y a eu lutte ? s'enquiert Tristan.
— Mon Dieu, dit Jules, cela ne pas été facile de s'en emparer. Elle tenait trop bien au bloc, et à cause du monde fou qu'il y avait, j'ai dû me dépêcher.
— Celle-là, elle est bonne ! Alors que la fortune vous attend cette nuit, vous perdez votre temps à voler une misérable feuille de papier dans un supermarché plein de caméras ! Enfin ! Allons livrer cela à qui de droit.

A leur entrée dans la cuisine, Alexandra abandonne aussitôt sa purée de champignons mijotant sur la cuisinière, et s'enquiert, folle d'espoir :

— Vous avez réussi ? Vous l'avez, n'est-ce pas ?
— Bien sûr, madame, répond Tristan. Ne vous l'avais-je pas dit ? Quelques heures, et le testament est entre vos mains. Le voici.

Alexandra le prend respectueusement.

— Comment cela s'est-il passé ? comment avez-vous fait ?
— Oh, le notaire ne s'est aperçu de rien...

— *Tu parles !*

— ... Pour le reste, je ne peux rien vous dire, c'est un secret professionnel, ajoute-t-il confidentiellement.

Alexandra froisse le papier et y met le feu. Elle le laisse se consumer sous le regard indigné de Jules : tout ce travail pour voir disparaître en cendres leur chef d'œuvre. Alexandra ramasse ce qui reste et le jette à la poubelle.

Elle devrait songer à compléter son inventaire : "et un testament du cher oncle en cendres, un" ! (Le testament, pas l'oncle, du moins pour le moment).

Soudain, Alexandra sursaute et se rue vers la cuisinière.

— Ouf ! soupire-t-elle, soulagée. Ça ne brûle pas. Ç'aurait été un comble, des légumes si coûteux ! Une fois carbonisés, l'oncle n'aurait certainement plus voulu y toucher, et mon plan...
— ... serait parti en fumée, complète Victor.
— C'est ça ! C'est tout juste ce que je voulais dire.
— Oh, je suis un peu devin sur les bords, vous savez...

Elle ne saura jamais s'il plaisantait ou s'il était sérieux.

Amélie et Adèle sont chargées de la corvée sandwiches, comme d'habitude.

Alexandra s'absorbe dans la fouille systématique d'une armoire. Elle ne semble pas trouver ce qu'elle cherche, pendant que les champignons se rafraîchissent sur le marbre de la fenêtre.

— Qu'a-t-on fait de la confiture ? demande Alexandra à la cantonade.

Un silence général lui répond. Elle détaille un a un tous ces visages coupables. Elle referme son armoire.

— Ça ne fait rien : s'il n'y en a pas, on n'en mangera pas, c'est simple.

Dignement, elle se dirige vers la salle à manger. Derrière elle, la procession se met en marche : Amélie porte le café, Adèle suit avec les sandwiches, puis vient la foule, recueillie (pas de confiture...) ; Tristan clôt la marche, les mains derrière le dos, tenant un sac de sucre en poudre.

— *Ah, j'ai compris ! Ce n'est pas bête : à défaut de confiture "pur fruit, pur sucre 60 %", il mettra du sucre sur ses sandwiches ; il ne manquera que les fruits : un détail...*

Ils se mettent à table et mangent. Seul Tristan met du sucre sur son pain. Les autres n'ont rien et ne veulent pas du sucre (malgré des regards d'envie) car ce ne sont pas eux qui y ont pensé. Triste et bête...

A la fin du repas, Alexandra prend la parole.

— Messieurs, vous avez remarquablement travaillé, ce matin. Votre action fut rapide, et, de ce fait, vous avez quartier libre : faites donc ce dont vous avez envie. Je ne crois pas que j'aurai encore besoin de vous, mais sait-on jamais !
— Madame, nous nous retirons dans nos appartements. Vous serez plus à l'aise entre vous.

Ils s'éloignent.

Je ne vais pas les suivre : ils vont, comme hier, répéter leur quatuor pour contrebasse, tromblon, sousbasse et bombardon !

Les trois sœurs se regardent, d'un air indécis. Alexandra s'interroge sur la corvée à leur assigner ; les intéressées se demandent ce qui va leur tomber dessus. Amélie préfère prendre les devants :

— Ma sœur, grâce à votre ingénieuse trouvaille des champignons, nous n'avons plus longtemps à attendre pour hériter. Aussi, si je peux vous proposer quelque chose pour passer l'après-midi : faire le partage de ce que contient l'inventaire. Ainsi, nous ne perdrons pas de temps, demain.

Alexandra, un moment étonnée, réfléchit profondément. Amélie la considère, anxieuse. Adèle se mord les lèvres. Alexandra va-t-elle encore faire un éclat ? Elle sort de sa méditation et relève la tête.

— Hé bien, soit. Je vais chercher l'inventaire et du papier. En même temps, je mettrai les champignons dans le four, à l'abri de la poussière.

C'est ce qu'elle fait. Alexandra revient avec l'inventaire, trois feuillets de bloc-notes, et un crayon. Les sœurs arborent un large sourire.

— Pour commencer, je décompte les trois feuilles que j'ai ici, une pour chacune.

Approbation générale. Alexandra se livre à un savant calcul et déclare qu'il reste 37 pages au bloc.

— Voilà, j'écris vos noms. A présent, allons-y sérieusement.

Elle s'empare de l'inventaire et lit :

— "Un évier à deux robinets". Comment partager ça ?

Elle se gratte la tête ; Amélie et Adèle sont perplexes.

— 1 évier et 2 robinets, ça fait 3, dit Adèle ; donc, on peut partager.
— C'est ça, répond Alexandra : moi l'évier, toi un robinet et Amélie un robinet aussi !
— Ah non, à moi l'évier, rétorque Amélie, sans remarquer l'ironie des propos d'Alexandra.
— Et moi le robinet d'eau chaude, alors, réplique Adèle : il n'a jamais servi.
— Et moi ? questionne Alexandra se prenant au jeu malgré elle. Moi qui ai fait tout le travail d'inventaire, je n'aurais qu'un robinet usé ? Non, ça ! Il faut trouver autre chose, quitte à tirer à la courte paille !
— Oui, si c'est moi qui fais les pailles, propose Adèle.
— Non, moi ! dit Amélie. Toi, tu triches !
— Non, ça ne va pas recommencer ! s'écrie Alexandra. Je sais, moi, ce qu'on va faire : on laisse l'évier accroché au mur, et on le vend avec toute la maison. Voilà, c'est réglé !

Amélie et Adèle hochent la tête ; elles n'accordent pas beaucoup confiance au procédé, mais que faire d'autre ?

— Passons à la suite, enchaîne Alexandra. "Une poubelle automatique". On ne peut tout de même pas la vendre avec la maison, elle aussi ? Et ça, impossible à partager.

Elles prennent toutes trois un air contrarié et soupirent.

— Et qu'y a-t-il après ? questionne Amélie.
— "Une armoire à deux compartiments", lit Alexandra.
— 1 poubelle et 2 compartiments, ça fait...

Adèle a le souffle coupé par le regard acéré que lui décoche Alexandra.

— Et après ? questionne de nouveau Amélie.
— "Une table en chêne avec quatre chaises sculptées".
— Et après ?
— Tu veux tout me faire lire, ou quoi ? "Une cuisinière à deux brûleurs et four".
— Alors, on peut s'arranger, déclare Amélie. De tout ça, on peut faire trois lots : la poubelle et l'armoire, la table et les chaises, la cuisinière. Moi, je prendrais par exemple la table et les chaises.
— Et moi, la cuisinière, dit Adèle.
— Que veux-tu en faire ? lui lance Alexandra. Tu ne sais pas cuisiner ! C'est à moi que revient la cuisinière.
— Bon, oui. Alors, j'aurai quand même une armoire et une poubelle.
— Et on te fait même cadeau de tout ce qu'il y a dans la poubelle, concède Alexandra.

Adèle est aux anges. Alexandra est ravie. Amélie est satisfaite.

— *C'est dommage, pourtant, d'avoir donné à Adèle la seule chose pouvant se partager en trois : les ""3 cm^3 d'un liquide vague et nauséabond" qui stagne au fond de la poubelle...*

Alexandra rédige hâtivement les termes de l'accord ; elle gratte ses petites feuilles. Puis, emplie d'un zèle nouveau, elle repart à l'assaut de l'inventaire.

— "Contenu de la poubelle...", passons, c'est à Adèle. "Contenu de l'armoire : 10 assiettes plates, 5 assiettes à soupe, 8 verres, 7 tasses, 2 casseroles, 2 plats, 8 fourchettes, 8 cuillères, 10 couteaux, 1 poêlon, 2 poêles en fonte, 1 louche". Alors, y a-t-il des propositions ? "10 assiettes plates", ça fait 3 chacune, et il en reste une : qu'en faire ?
— On pourrait la vendre, suggère Adèle.
— C'est ça, tu iras au marché avec, demain ! rétorque Alexandra.

Adèle comprend qu'elle aurait mieux fait de se taire, une fois de plus. Amélie prend un air ennuyé. Alexandra est perplexe, de nouveau.

— Et si on la cassait ? lâche-t-elle au bout d'un moment.
— Ce n'est pas une solution, répond Amélie. Pour les assiettes, ça irait encore, mais pour les casseroles ? Il n'y en a que deux : on ne peut pas les casser toutes les deux sous prétexte qu'il n'y en pas trois. De même pour les poêles, poêlon et louche...
— Et si on les mettait aux enchères, entre nous ? propose Adèle. Il ne faudrait rien payer, évidemment, et celle qui dirait le plus haut prix...

Alexandra, stupéfaite, considère sa sœur.

— Mais c'est pas possible ! Je n'en reviens pas : tu as enfin eu une idée intelligente. Sincèrement, j'en apprends tous les jours.

Amélie approuve. Alexandra s'apprête à noter les enchères.

— Allons, on va faire comme elle a dit. Nous avons donc "10 assiettes" ; j'en propose 500. Qui dit mieux ?
— 600, dit Amélie.
— 700, dit Adèle.
— 750, dit Alexandra.
— 755, dit Amélie.
— 8.000 ! s'écrie Adèle.

Les deux autres la regardent avec étonnement.

— 8.100, propose Alexandra.
— 10.000 ! lance Amélie, qui a compris le truc.
— Un million ! s'exclame Adèle.
— 20 millions !
— Un milliard !
— Un million de milliards !
— Un milliard de millions !
— Un milliard de milliards de milliards...
— ... de milliards ! ajoute Adèle.
— STOP !!! hurle Alexandra dont un éclair de lucidité vient de traverser le cerveau. Il me semblait bien étonnant que quelque chose de sensé puisse venir d'Adèle. Nous pouvons continuer ainsi jusqu'à demain, avec nos milliards : c'est quand même pour rien !
— Alors, on n'a qu'à faire comme tout à l'heure : l'une aura les couverts, une autre, autre chose... Moi, je prendrais les couverts, par exemple.
— Et moi, les casseroles, poêles, poêlon et louche, dit Alexandra : j'ai quand même la cuisinière. Adèle aura la vaisselle ; elle pourra mettre ça dans son armoire, et puis dans sa poubelle, quand elle aura tout cassé...

Adèle fait la moue.

— On dirait que j'ai l'habitude de tout démolir, ici, grommelle-t-elle.

Alexandra gratte ses papiers ; puis, elle poursuit :

— "Trois planches supportant la nourriture". Je ne crois pas qu'il y ait d'objections ici : une planche chacune.

Ses sœurs approuvent en souriant. Alexandra noircit du papier.

— "... la nourriture se composant de : 1 boîte de sucre, 1 de sel, 1 de farine, 1 de riz, 4 de haricots, 2 de petits pois, 5 de sardines, 1 chocolat aux noisettes, 2 pots...
— Le chocolat est pour moi ! s'écrie Adèle.
— Oh non, pour moi ! riposte Amélie.

— Pas du tout, pour moi ! déclare avec force Alexandra. Vous en avez chipé régulièrement et enfermé dans vos armoires : il n'est que juste qu'il me revienne !

Les autres ne sont évidemment pas d'accord, et la discussion s'engage.

— *J'en ai marre, je pars, je vais rejoindre des gens plus paisibles.*

Depuis le couloir, on entend les voix excitées des trois sœurs :

— Awakwakwakwakwakwa… fait une voix.
— Egnagnagnagnagna… fait une autre.
— Emiémiémiémiémiémié… fait Alexandra

— *Hi ! Hi ! Hi ! fais-je. C'est amusant tout de même : imaginez qu'Alexandra défonce le crâne de ses sœurs à propos de deux pots de confiture qu'on a mangés entre-temps !*

Dans la cave, tout respire le ronflement sonore, vibrant, éveillé. Le fantôme s'installe pour participer à ce concert de cordes vocales…

……

Lorsque, quelque temps plus tard, le fantôme retourne voir les sœurs, il trouve Alexandra, debout, exposant sa théorie à grands renforts de gestes éloquents.

— … et par conséquent, je propose que tout le monde garde ses habits à soi !

Alexandra s'assied, les bras croisés. Amélie et Adèle hochent la tête, guère convaincues.

— *Où en sont-elles ? Au partage des habits ? C'est tout à fait loufoque ! Je vois déjà Alexandra flotter dans des habits d'Adèle et celle-ci étouffer dans ceux d'Alexandra !*

— Qu'avez-vous encore à hésiter ? demande Alexandra. On perd son temps. Laissez là mes habits qui sont - paraît-il - plus beaux que les vôtres, et passons à la suite : il y a plus intéressant !

Son ton énigmatique emporte la décision.

— "Un collier de 94 perles" ! C'est pas mieux, ça ? "1 bague en or, 4 diamants : 2 gros et 2 petits".

Amélie et Adèle s'en lèchent les babines, même si un nouveau partage épineux s'annonce.

— Un partage équitable, dit Amélie, me semble : 1) le collier ; 2) la bague et un gros diamant ; 3) le reste. Je crois que je prendrais ce reste.
— Trois diamants ! s'exclame Alexandra. Tu ne demandes rien ! Celle qui aura le collier n'aura pas grand chose, et ce ne sera pas moi ! Je propose plutôt ceci : 1) le collier et un petit diamant ; 2) la bague et un gros diamant ; 3) le reste.
— Alors, ce sera le reste qui ne contiendra plus grand chose, dit Amélie. Moi, je n'en veux pas.
— Moi non plus, ajoute Adèle.
— Mais que faire, alors ? On ne peut pas laisser le collier et la bague seuls : ils n'ont pas assez de valeur.
— Et avec autre chose, le collier en a trop, dit Amélie.
— Hé bien, on n'a qu'à enlever une partie du collier, propose Adèle, et ce qui reste + un petit diamant ou la bague aura une valeur normale.

Alexandra hésite et s'interroge. Amélie finit par lui dire :

— Cette fois, elle pourrait bien avoir raison. Si on agissait ainsi ?
— Soit ! répond Alexandra. Nous disons donc : 1) une partie du collier et un petit diamant ; 2) l'autre partie, la bague et un petit diamant ; 3) les deux gros diamants. Cela me semble équitable, non ?

Ses partenaires semblent d'accord.

— Maintenant, continue Alexandra, combien de perles va-t-on enlever du collier ?

S'ouvre alors un débat passionné où les antagonistes font appel à toutes les ressources de leur éloquence et de leurs connaissances mathématiques.

On entend, entre autres choses surprenantes, des : « 34 perles fois racine de 2 », « si on divise par 3 et qu'on multiplie par 6 », « deux fois le huitième des 94 perles - 2 ». On s'égare dans les fractions de perles, on dérape sur de la poussière perlaire.

Enfin, après de longues palabres, on arrive au résultat suivant :

Alexandra : 2 gros diamants et 3 perles ;
Adèle : 62 perles et un petit diamant ;
Amélie : 39 perles, la bague et un petit diamant.

— *Tiens ! Ça fait 10 perles de trop... Les soustractions, c'est pas le fort de quelqu'un !*

Et cela se poursuit ainsi tout l'après-midi. Avec des hauts et des bas. On s'entre-tuerait pour le jeu de cartes de l'oncle : personne ne veut des as, sous prétexte qu'ils sont usés à force d'avoir été cachés.

On a divisé le charbon de la cave jusqu'au dixième de milligramme, alors que Tristan n'était pas à 100 kg près...

A présent, il est 18 h, et le combat s'est terminé. Dans la salle à manger, tout est calme ; épuisées, Amélie et Adèle contemplent leur liste, la tête entre les mains. Dans la cuisine, Alexandra réchauffe ses champignons.

Tristan et ses compagnons s'amènent.

— Avez-vous passé un bon après-midi, madame ? s'enquiert Tristan.
— Épuisant, monsieur, épuisant. Figurez-vous que ces deux… ces deux…
— … idiotes, propose Tristan.
— Non, mais c'est à moi que vous en avez ?
— Non, non, je voulais dire "z-idiotes", ces "deux-z-idiotes"…
— Ah bon. Ces deux idiotes, donc, m'ont poussée à partager les biens dont j'ai fait l'inventaire hier. Ça n'a pas été facile, je vous assure !
— Oh, je comprends ça.
— Mais j'ai réussi à garder la meilleure part. Par exemple, c'est moi qui ai les poêles en fonte, et je peux toujours leur taper dessus avec ça. Tandis que si Adèle m'envoie sa vaisselle, ce n'est pas bien grave. Et comme c'est elle qui détient la poubelle, elle pourra tout ramasser !
— Elle est bien bonne ! Vous êtes une rusée, permettez-moi de vous le dire.
— Et vous, un flatteur. Si vous saviez, je leur ai encore joué un autre tour, mais cela je ne peux pas le dire, c'est trop important, et puis, si elles entendaient !

Elle prend un air énigmatique, et les autres un air entendu, bien qu'ils ne se doutent de rien.

— Le repas est presque prêt. Adèle !

Adèle se tire de sa torpeur et accourt.

— Veux-tu mettre la table ? Demande à Amélie de t'aider.
— Dois-je prendre de *ma* vaisselle ?
— Évidemment ! J'emploie bien *mes* poêlons et je prêterai bien *ma* table !
— Ah bon, ah bon.

Elle obéit. Alexandra compose le repas funèbre du vieillard.

— *Je frémis devant son calme…*

En voyant ces préparatifs, Tristan s'est souvenu de son rôle, et réfléchit.

— Voilà, dit Alexandra, vous pouvez passer à table. Amélie ! Tu peux porter le repas à notre oncle. Grand bien lui fasse.

Alexandra se dirige vers la salle à manger, mais Tristan la retient.

— Pardon, madame, mais pourrais-je avoir le sel ?
— Le sel, mais bien sûr, voilà.

Elle lui donne le sel et sort de la cuisine. Tristan s'approche du plateau où le verre d'eau est préparé, et hop ! il y verse une bonne rasade de sel. C'est cet instant que choisit Amélie pour venir chercher le plateau ; elle considère Tristan avec étonnement.

— Avez-vous déjà essayé cela ? demande Tristan avec désinvolture. Du vulgaire sel dans de l'eau, on croirait boire de l'eau minérale. Le vieillard aimera bien cela, pour son dernier repas. Revenez vite ; s'il reste du sel, vous pourrez essayer également. Je vais proposer ça aussi aux autres.

Amélie a pour lui un mouvement de compassion... Elle s'empare du plateau et disparaît dans le couloir sombre.

Dans la salle à manger, Tristan étale ses talents d'échanson en régalant tout le monde d'eau salée. Devant ce gaspillage flagrant, Alexandra consulte sa feuille.

— Hm, non, ce n'est pas moi qui hérite du sel ; c'est vrai, c'est Adèle, pour son lard...

Adèle est ravie du changement apporté à l'ordinaire. Victor se demande ce que ça cache. Nicolas a des doutes sur la santé morale de son patron. Jules ne s'inquiète de rien.

Amélie revient.

— Alors ? questionne Alexandra.
— Il était content des champignons et de l'eau pétillante de monsieur, mais il a dit que ça ne servait à rien d'essayer de l'amadouer par de la bonne nourriture, qu'il ne changerait rien à son testament.
— Ça lui serait difficile, il est en cendres. Donc, il ne se doute de rien. Parfait ! Je crois que mon plan marchera. Enfin, on verra ça à l'autopsie, comme on dit…

Au cours du repas, de temps à autre, il y a bien quelqu'un qui examine d'un œil soupçonneux une parcelle de champignon d'une couleur légèrement différente, et c'est à qui fera disparaître le fragment compromettant de la manière la moins visible…

— Ils ne risquent pourtant rien, avec leur eau salée. Je parie que Tristan l'a fait exprès pour éviter tout "accident"…

Le repas terminé, Amélie et Adèle débarrassent la table. Les autres restent assis, indécis.

— Messieurs, dit Alexandra, c'est probablement votre dernier soir ici. Je propose de passer cette soirée ensemble, après ce repas d'adieu.
— Madame, répond Tristan, au nom de mes compagnons, je vous remercie de votre proposition. Nous avons un jeu de cartes : si ça vous dit…
— Et comment ! Je sais très bien jouer au bridge, et Amélie aussi…
— Non, moi, c'est au whist que je sais jouer, corrige Amélie.
— Et moi, je ne sais jouer qu'à bataille, proclame Adèle.
— Oh, dans ce cas, il vaudrait mieux qu'elle nous apprenne son jeu de bataille. Si nous voulons lui apprendre le bridge ou le whist, c'est perdu d'avance. Allons, Adèle, expliquez-nous ça.
— C'est très simple, répond-elle. On dépose chacun une carte, et celui qui a la carte la plus haute emporte le tout. Voilà !
— Et quand y a-t-il bataille, alors ? s'enquiert Amélie.
— Hé bien, quand… lorsque… enfin…

— ... enfin tu ne sais pas, coupe Alexandra. J'ai l'impression qu'il faudra trouver autre chose.
— Si on jouait au combat naval ? propose Tristan. Ce n'est pas difficile à expliquer...
— ... mais à comprendre, peut-être, insinue Alexandra.
— Ah, mais je sais jouer à ça, moi ! s'écrie Adèle.
— Alors, tout est parfait, dit Tristan. Pour jouer à sept, il faudra adapter le règlement. Quand quelqu'un dit "B4", par exemple, tout le monde barre la case B4, et ainsi de suite.

Alexandra réquisitionne du papier pour "ces messieurs" et le jeu commence. Tristan ouvre les hostilités.

— B4, B5, B6. ai-je touché quelque chose ?
— Un croiseur et trois sous-marins coulés, avoue Adèle.
— Mais ce n'est pas possible, fait Tristan. Il faut six coups pour ça ! Laisse voir ce que tu as fait.
— Non, je ne veux pas ! Puisqu'on ne peut couler tout ça en même temps, je donne le croiseur.
— Bon, comme ça, ça va.

Et ils continuent à jouer. A la stupéfaction générale, c'est Adèle qui remporte la victoire. L'étonnement va croissant lorsque successivement elle gagne la 2e, la 3e, la 4e partie. A la 5e partie remportée, l'ébahissement est à son comble.

On entend des "esprit supérieur", "jamais vu", "on s'est bien trompé sur elle", etc.

A la douzième partie remportée, Tristan veut en avoir le cœur net, et s'empare de la feuille qu'Adèle venait de jeter. Il contemple le chef d'œuvre, et puis s'exclame :

— Je comprends qu'on ne trouve jamais ses sous-marins : ils n'y sont pas !
— Bien sûr qu'ils y sont, rétorque Adèle. Je les mets en dessous du croiseur et du cuirassé : ils peuvent quand même aller sous l'eau, alors !

— Ça c'est intelligent ! conclut Tristan. Après avoir coulé les navires, on ne tire plus à cet endroit, et les sous-marins survivent toujours ! Écoute, Adèle…

Patiemment, ils entreprennent d'expliquer à Adèle pourquoi ses sous-marins doivent rester en surface. Et ils jouent à peu près normalement, jusqu'à 22 heures. A la fin d'une partie, Alexandra déclare :

— Messieurs, nous avons assez joué pour ce soir ; il reste encore la vaisselle à faire, nous allons nous en occuper. Amélie, va chercher l'assiette de notre oncle ; ne t'en fais pas, il n'est pas encore mort. Et toi, Adèle, mets chauffer l'eau.

Les deux sœurs obéissent. Tristan prend congé et entraîne sa bande vers les sous-sols.

— En attendant que les sœurs aient fini leur besogne et aillent dormir, nous pourrions prendre encore quelque force : vider le garde-manger d'Amélie…

A 23 h, les trois "A" viennent de se coucher, après encore quelques éclats de voix, dus à l'inauguration de la poubelle d'Adèle qui a cassé sa première assiette…

DIMANCHE

4 h du matin.

— *Dans la nuit calme, au second étage de la maison obscure, le mort... se porte bien ! Mon contrepoison a remarquablement agi ; de ce côté-là, je peux être tranquille. Le vieux est juste un peu fatigué.*

Quant à Tristan et ses hommes, ils viennent enfin de venir à bout du trou. S'ils ont pris un peu de retard c'est parce que les lames « économiques » de la scie à métaux n'ont pas tenu le coup longtemps, et il a fallu continuer à la main, avec des lamelles...

Tristan contemple le fruit de son dur labeur et l'objet de ses espoirs : le trou.

— Il faudrait un morceau de ruban, pour inaugurer le passage, comme les ministres. Enfin... Bon, à tout seigneur tout honneur, j'entre le premier.

C'est ce qu'il fait, suivi des trois autres.

— On ne se bouscule pas, ici, remarque-t-il une fois entré. Il n'y a que deux coffres et la simple trace de beaucoup d'autres. On n'aura pas l'embarras du choix... Victor, crois-tu que tu auras le temps de les ouvrir tous les deux ?
— Je n'en ai pas l'impression. Il est 4 h 10. Avec beaucoup de chance j'en aurai ouvert un vers 5 h 30, et à 6 h le personnel d'entretien arrive. Donc...
— Bon, alors, il faudra en éliminer un, mais lequel ? J'ai une idée : je vais le demander à mon arrière-arrière-arrière... grand-père.

Ses compagnons le regardent, interloqués.

— Grand-père, voudrais-tu jeter un coup d'œil à l'intérieur de ces coffres, et me dire lequel est le plus intéressant ? Tu peux te montrer à ces messieurs, ainsi ils cesseront de me prendre pour un fou.

Le fantôme apparaît. Toute couleur disparaît des visages de Jules, Victor et Nicolas, qui tremblent comme des feuilles. Tristan les rassure de son mieux. Le fantôme leur fait un sourire engageant et compatissant. Puis, il plonge la tête dans les coffres ; l'intérieur lui en étant connu, il se contente d'une brève vérification.

— Celui de droite contient des diamants en quantité acceptable ; celui de gauche contient environ cinquante millions en billets. A toi de décider.
— Mon Dieu, dit Jules, je prendrais plutôt l'argent ; les diamants, ça s'écoule difficilement, même en rivières…
— D'accord, dit Tristan, va pour les billets. Victor, maintenant, c'est à toi : là, c'est ton domaine, nous ne pouvons pas t'aider.

Victor se met à l'ouvrage. Il tourne délicatement les boutons, écoutant les déclics. A intervalles réguliers, il fait la grimace, car sur ce modèle d'un autre âge, tous les déclics usés se ressemblent. Il sue à grosses gouttes. Les autres, anxieux, observent ses mouvements et celui de leur montre.

Et Victor se démène tant et si bien, qu'à 5 h 30… ils en sont encore au même point ! Épuisé, Victor se laisse tomber.

— Saleté de combinaison alphabétique ! Je ne sais même pas combien de lettres il faut faire !

Les autres sont consternés. Mais subitement, le fantôme a une illumination :

— Tristan ! Au fait, ces cinquante millions, ce sont peut-être ceux de l'oncle ? Essaie un peu le mot « Aspasie ».

Tristan bondit, forme les lettres, et, comme par miracle, le coffre s'ouvre.

— Évidemment ! s'exclame Tristan. C'est par là qu'on aurait dû commencer ! Le mot « Aspasie » ouvrait la porte : vous avez compris ?

Les autres sont béats d'admiration devant tant de savoir-faire.

— Maintenant, par ici la monnaie ! dit Tristan en joignant le geste à la parole.

Il saisit une liasse de billets... et reste figé sur place, le regard vague. Ses compagnons le considèrent avec inquiétude.

— Nous sommes refaits, les gars, dit-il d'une voix sourde. Regardez vous-mêmes : les billets de l'oncle sont des billets du jeu de Monopoly, auxquels il a rajouté des zéros !

— Je comprends, maintenant, dit Jules, pourquoi le directeur rigolait quand il m'a donné si facilement la combinaison !

— *C'était donc ça ? De l'argent factice ? Monopoly, un jeu ? J'avais pourtant cru bien faire... Après tout, l'autre coffre, il n'est pas dit qu'ils auraient pu l'ouvrir, tout comme celui-ci.*

Ils restent tous assis autour du coffre béant, désespérés.

Le fantôme a une autre illumination, car, au fond, il n'y a pas trop de quoi s'en faire :

— Tristan ! Oh, ne me regarde pas comme ça, voyons ! Ce n'est pas facile de voir, dans le noir, que ce sont des faux billets. Je voulais te dire que tu n'as pas tout perdu. Te souviens-tu, hier soir, Alexandra t'a dit qu'elle avait joué un bon tour à ses sœurs ?

Tristan hoche la tête affirmativement, tandis que l'espoir se rallume en ses yeux.

— Le tour dont question pourrait te sauver, poursuit le fantôme. Voici, en deux mots. Pendant que ses sœurs étaient ailleurs,

Alexandra a découvert une superbe rivière de diamants, ceux de feu sa tante. Elle a glissé ça dans sa poche, bien sûr sans le mettre sur la liste. Si cela t'intéresse...
— Grand-père, tu nous rends l'espoir ! Vous avez entendu, vous autres ? Alexandra se balade avec une mine de diamants en poche !
— Noon !
— Comme je vous dis ! On n'a qu'à se servir...

Subitement ragaillardis, ils se relèvent d'un bond, rejettent les "billets" dans le coffre, le referment et repassent par le trou.

Ils remettent en place la pellicule de béton qu'ils avaient patiemment découpée au cours de la nuit ; un peu de colle avec des particules provenant du forage, et ni vu, ni connu !

Ils attendent le lever d'Alexandra en mettant un plan au point, vite fait, bien fait.

......

Sept heures. Dans la chambre d'Alexandra, la sonnerie du réveil la jette à bas de son lit. Elle enfile rapidement sa robe de chambre et trotte vers la chambre de l'oncle. Certaine de son fait, elle ouvre la porte en coup de vent, et s'immobilise aussitôt, le regard vague, le menton pendant.

— Euh, je voulais vous demander, mon oncle, bégaie Alexandra, ... oui, vous demander si vous étiez déjà réveillé... pour prendre votre petit déjeuner, voilà !

L'oncle grommelle quelque chose, et Alexandra s'éloigne, défaillante. Encore un peu, et c'est elle qui y passe !

Tremblante, elle descend à la cuisine, où elle se bricole une tasse de café, vite fait, mal fait, question de se remonter.

Amélie montre son nez par la porte entrebâillée.

— Alors ?? murmure-t-elle.
— Ah, ma sœur ! Cet homme a fait un pacte avec le diable ! Il se porte à merveille ! Je n'y comprends vraiment rien. C'est à se cogner la tête contre les murs, je devrais me donner des coups !
— Mais non, mais non... On trouvera bien autre chose. Et puis, ces messieurs nous tireront d'embarras, comme ils l'ont déjà fait, vous verrez, vous verrez...

Vaguement réconfortée, Alexandra se lève.

— Merci, Amélie. Va réveiller Adèle, à présent. Vous pouvez préparer le petit déjeuner ; j'entends d'ailleurs du bruit dans le couloir, nos messieurs s'amènent.

Tristan, le fantôme (redevenu invisible) et les autres font leur entrée ; Victor porte un sac avec leurs affaires.

Alexandra leur offre un air d'enterrement...

— Messieurs, j'ai le regret de devoir vous apprendre...
— ... qu'il est mort ? interrompt Tristan.
— ... qu'il est vivant ! Vivant ! Mon stratagème a lamentablement échoué, je ne sais pourquoi.

Alexandra est au bord des larmes.

— Dans un instant, poursuit-elle, votre petit déjeuner sera prêt. Vous pouvez toujours aller vous installer. Adèle ira dresser la table ; la vaisselle, c'est son rayon, bien que le partage que nous avons fait hier soit plutôt théorique : ce n'est pas aujourd'hui que nous hériterons ; tout est à recommencer. Si je peux vous demander de réfléchir à un nouveau procédé, nous en avons bien besoin, oh oui !

Tristan entraîne ses hommes à la salle à manger. Victor le touche du coude et murmure :

— On mange d'abord ? On peut toujours leur faire le coup après...
— Bien sûr, pourquoi crois-tu que je vienne par ici ?

Au cours du repas, les quatre gredins sont nerveux. C'est à peine s'ils mangent, surtout Tristan à qui incombe la responsabilité de l'opération. Au bout de quelques minutes, il a la gorge tellement nouée que plus rien ne parvient à passer. Il arrête donc, attendant que les autres aient fini. Il se passe et repasse la main dans les cheveux. Alexandra remarque son attitude inhabituelle.

— Vous semblez nerveux. Est-ce peut-être un nouveau plan pour moi, auquel vous réfléchissez ?
— En quelque sorte, oui...
— Ou alors, c'est quelque chose qui vous tracasse.
— Oui, rugit Tristan, c'est ce qu'il y a dans votre poche qui me tracasse ! Allons, les gars, assez mangé ! Sortez les armes !

Amélie et Adèle, affolées, poussent de petits cris ; Alexandra est très pâle. Victor sort de son sac les petites foreuses et les met sous tension. Tristan saisit la sienne et s'approche d'Alexandra en tendant la main.

— Alors, vous donnez ?
— Je... je ne sais pas... de quoi vous parlez, balbutie Alexandra dans un souffle.
— Ah, vous ne savez pas...

Tristan met sa foreuse en route. Amélie et Adèle se couvrent le visage de leurs mains.

— Vous préférez peut-être qu'on vous découpe une tranche ?

Joignant le geste à la parole, il fore une splendide entaille dans la table ; le bruit est affreux.

— *Ah, comme au bon vieux temps !*

Alexandra, terrorisée, n'oppose plus la moindre résistance, et, en tremblotant, elle extrait de sa poche la rivière de diamants et la remet à Tristan.

— Merci !

Tristan arrête sa foreuse et empoche les diamants.

Amélie et Adèle ouvrent de grands yeux surpris sous leurs mains qui s'écartent. Elles considèrent Alexandra avec étonnement, et si la colère est absente, c'est parce que la peur est encore là...

— Mesdames, nous avons bien l'honneur de vous saluer, dit Tristan. Oui, nous prenons congé. Ce qui nous intéressait surtout, c'était de gagner de l'argent. A présent, grâce à vous, c'est fait. Assassiner votre oncle ne nous enthousiasmait guère. D'autant plus qu'avec ce fameux testament, l'héritage vous échappe. Ne prenez pas cet air ahuri ! Le papier que vous avez brûlé était un faux... Rappelez-vous : vous ne nous avez même pas donné l'adresse du notaire ! Enfin ! Nous nous serons bien amusés, quand même, comme hier soir avec Adèle et ses sous-marins. Ne vous désolez pas trop, pour l'héritage : le vieillard peut encore revenir sur sa décision, mais ne comptez pas sur les millions qu'il aurait à la banque : il les a dessinés lui-même... Allons ! Au revoir et merci !
— Et à la prochaine ! s'écrie Victor.

Ils sortent en rigolant, laissant une Alexandra éplorée.

A la vue de leur grande sœur en pleurs, Amélie et Adèle sentent fondre leur colère, et elles essaient de la consoler.

— Tu verras, dit Amélie, si on le soigne bien, il modifiera son testament et on aura au moins la maison.
— Mais oui, tu verras, surenchérit Adèle.
— Vous avez raison, fait Alexandra en essuyant une larme, on va s'en occuper. Après tout, c'est à cause de nous qu'il s'est mis en colère...

— Allons, je peux être rassuré sur le sort du vieillard : « le mort se portera bien » longtemps encore. Je quitte cet émouvant tableau de famille réconciliée dans le "malheur", et je vais rejoindre mes gredins (très) amateurs.

Ils semblent tout joyeux. Je ne vais quand même pas saboter leur félicité en leur rappelant qu'aujourd'hui c'est dimanche, et qu'ils auraient eu tout le temps d'ouvrir l'autre coffre, celui avec les pierres précieuses, vraies ou pas…

A ce propos, j'espère que la tante ne se baladait pas avec de la verroterie autour du cou (ce qui expliquerait la boîte en carton !).

Ce serait la meilleure…